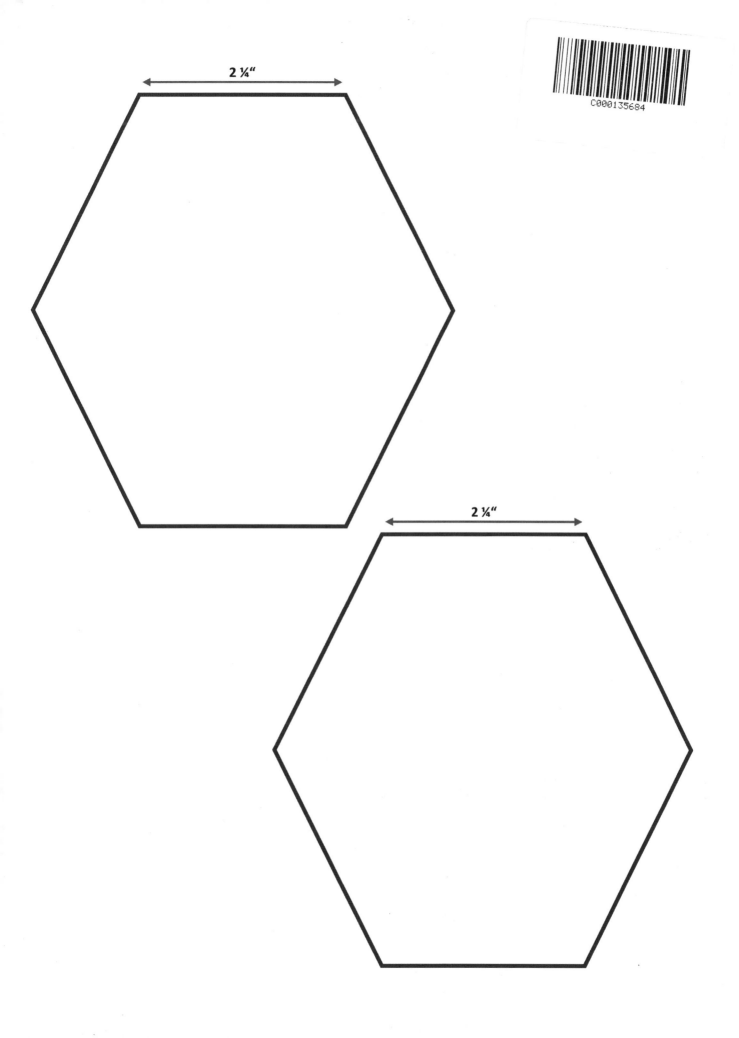

2 ¼"

2 ¼"

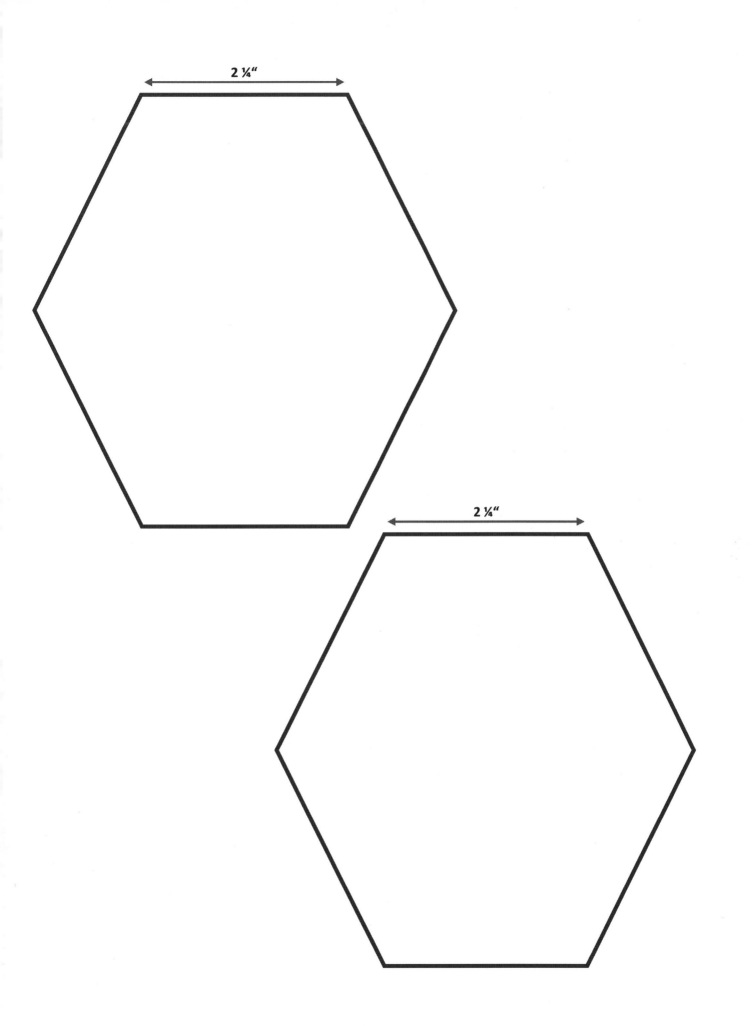

2 ¼"

2 ¼"

2 ¼"

2 ¼"

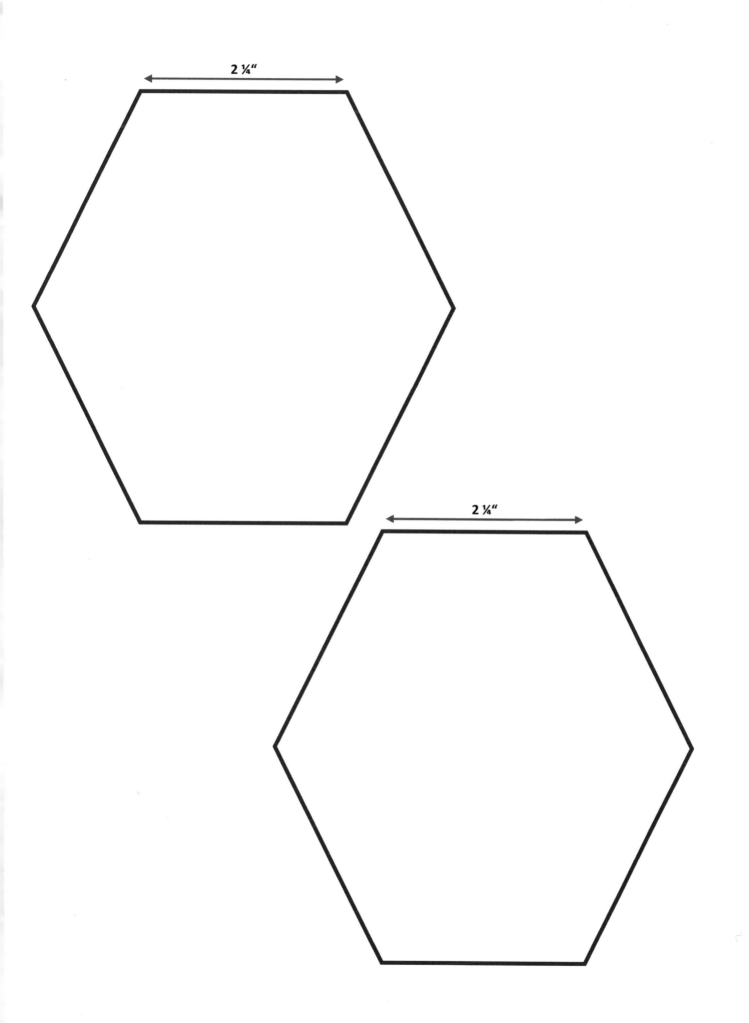

2 ¼"

2 ¼"

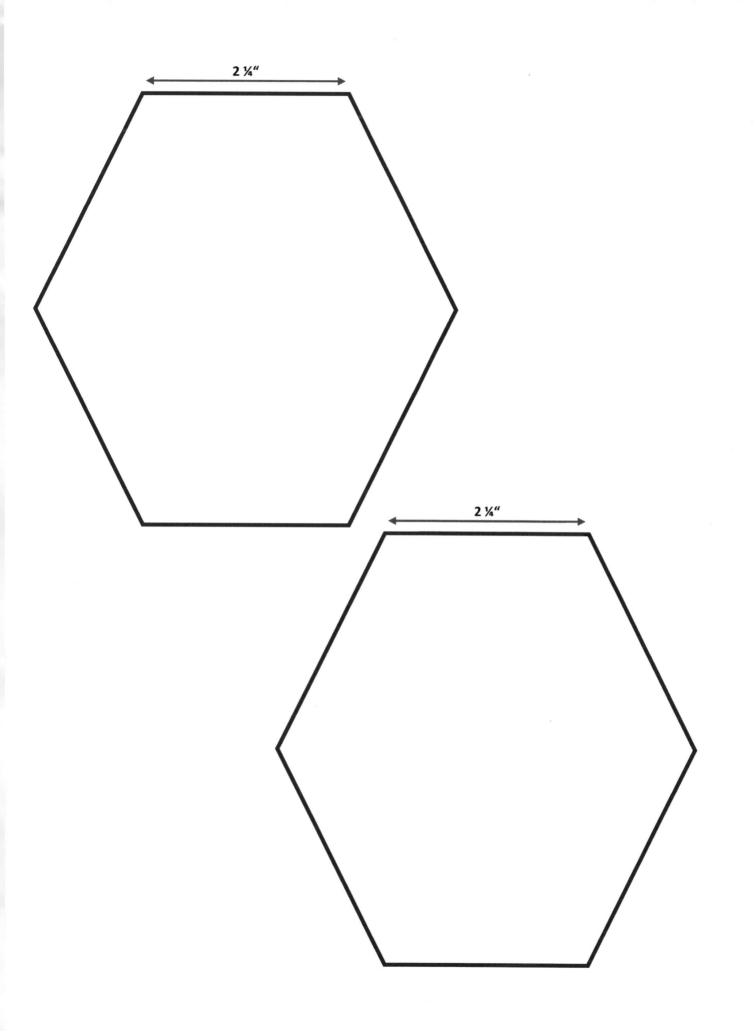

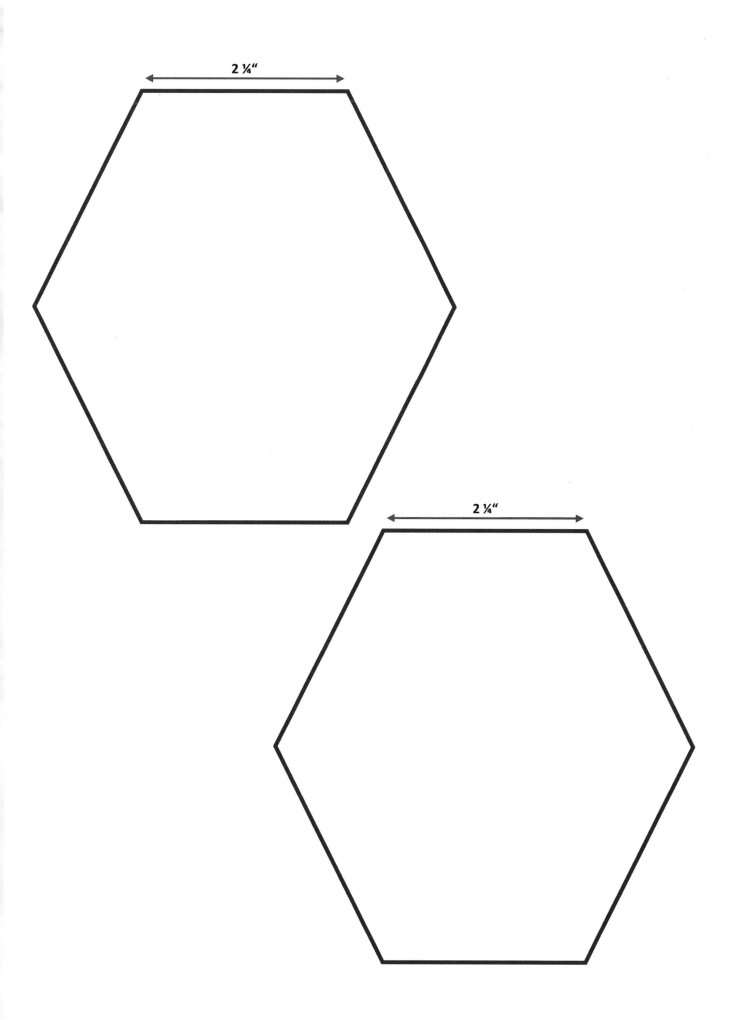

2 ¼"

2 ¼"

2 ¼"

2 ¼"

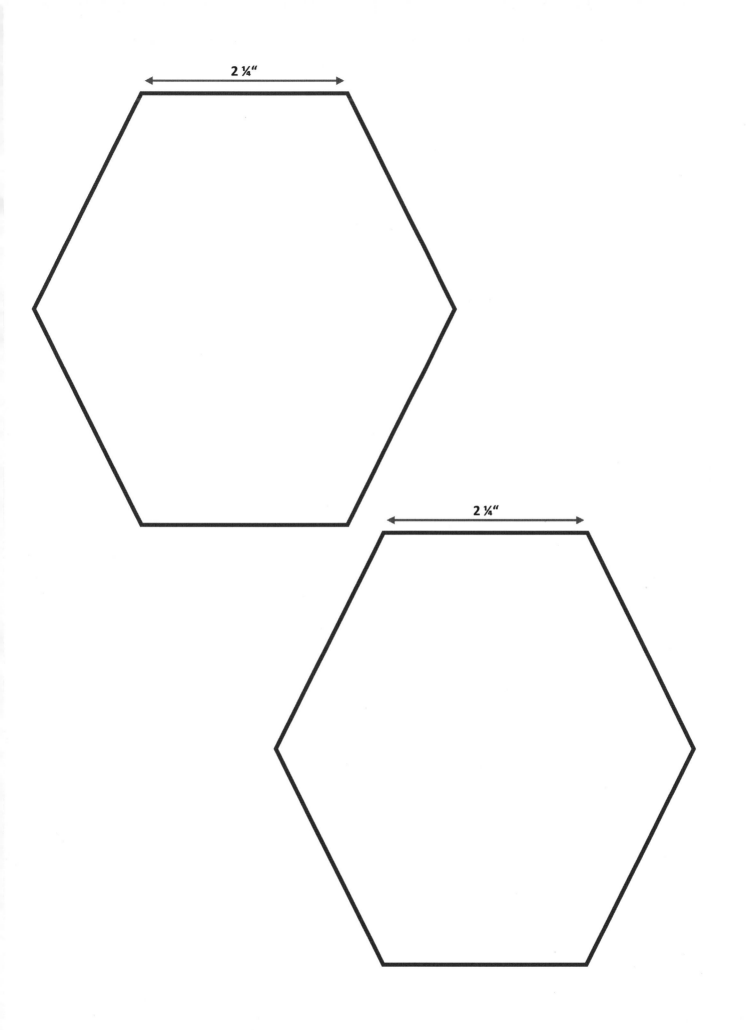

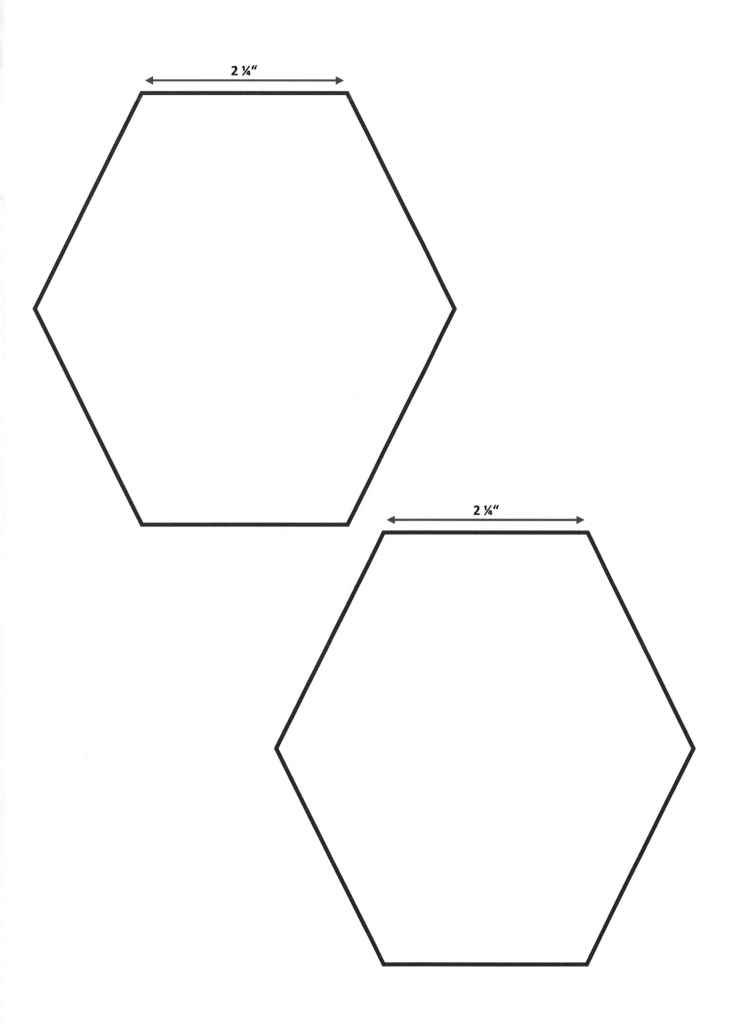

2 ¼"

2 ¼"

2 ¼"

2 ¼"

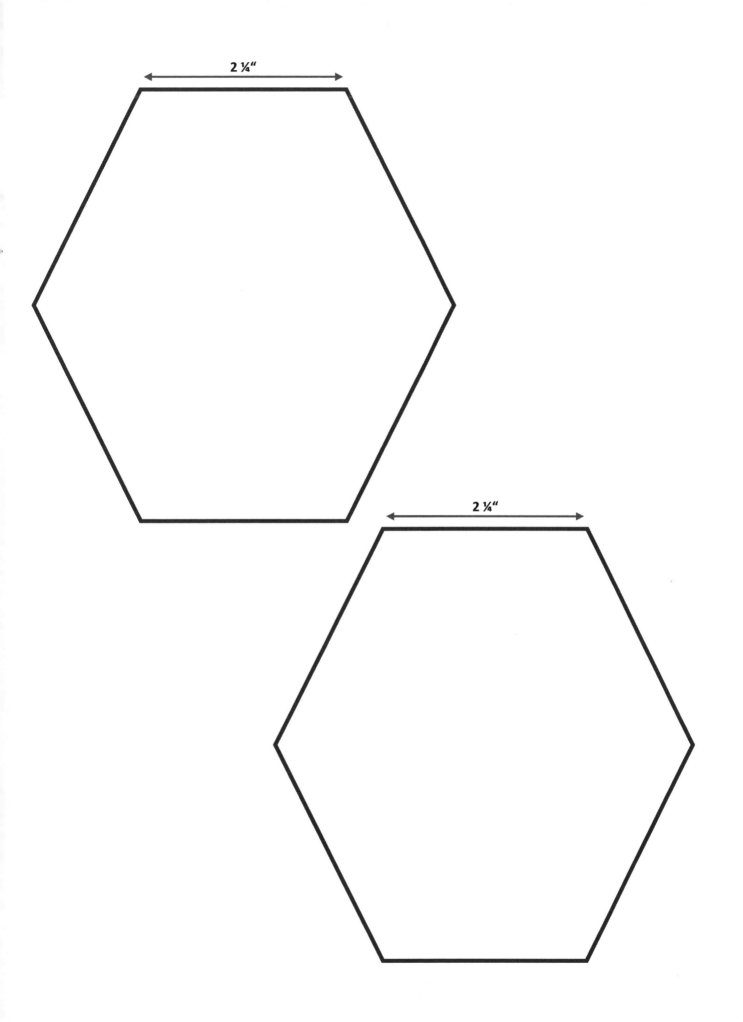

2 ¼"

2 ¼"

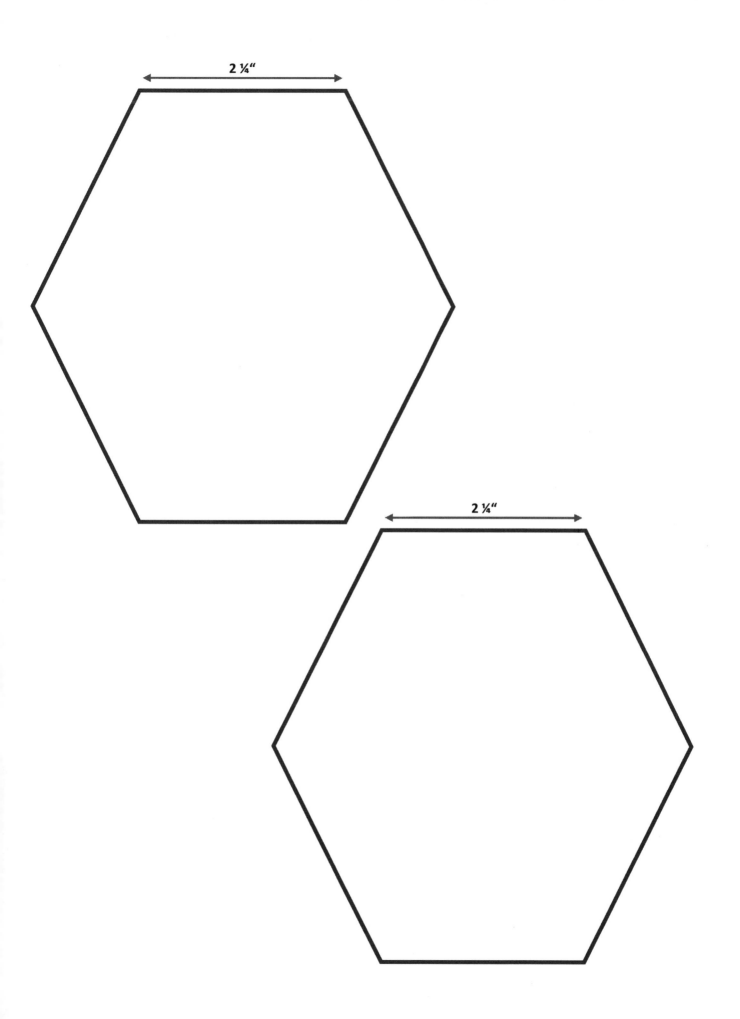

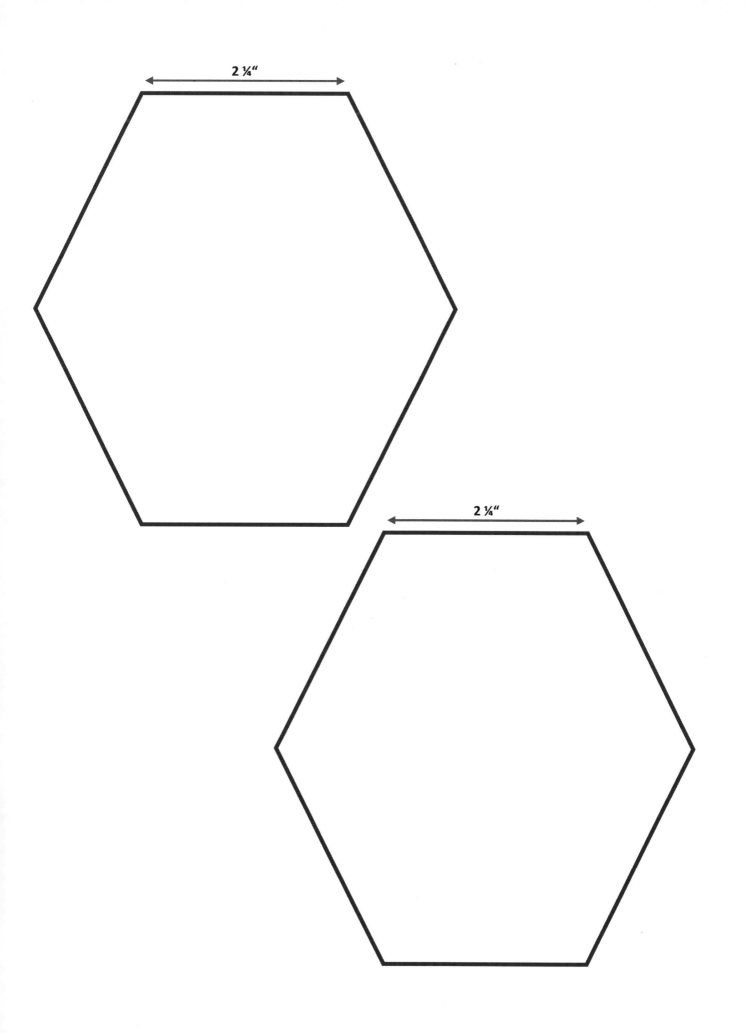

2 ¼"

2 ¼"

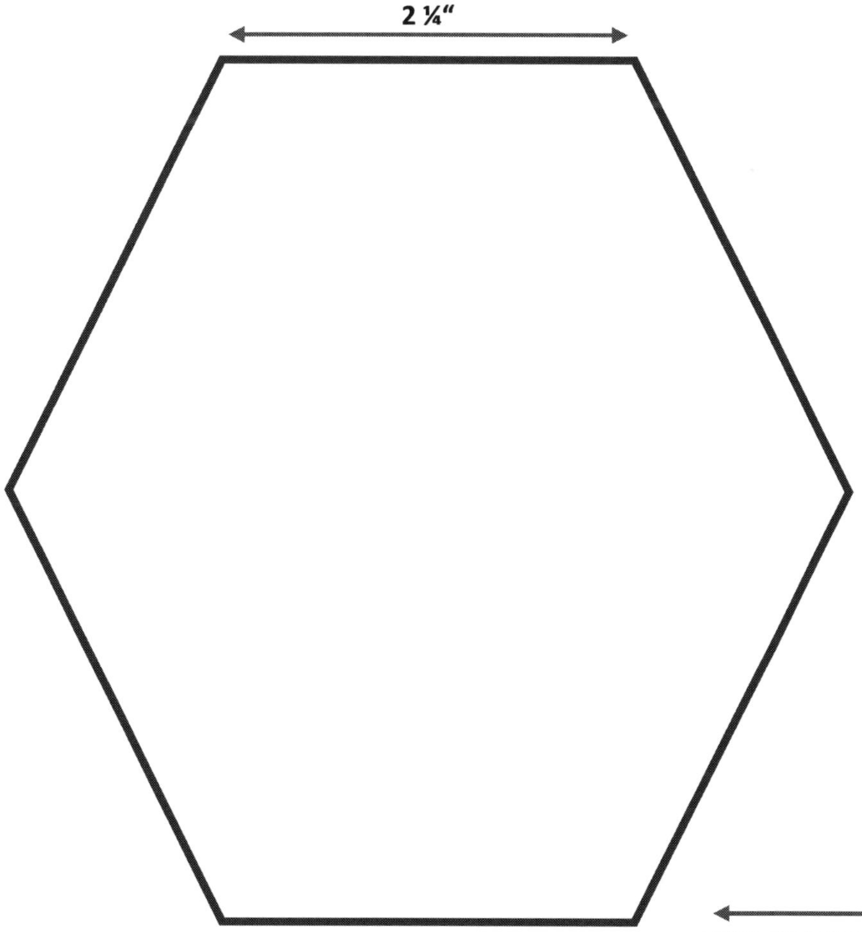

2 ¼"

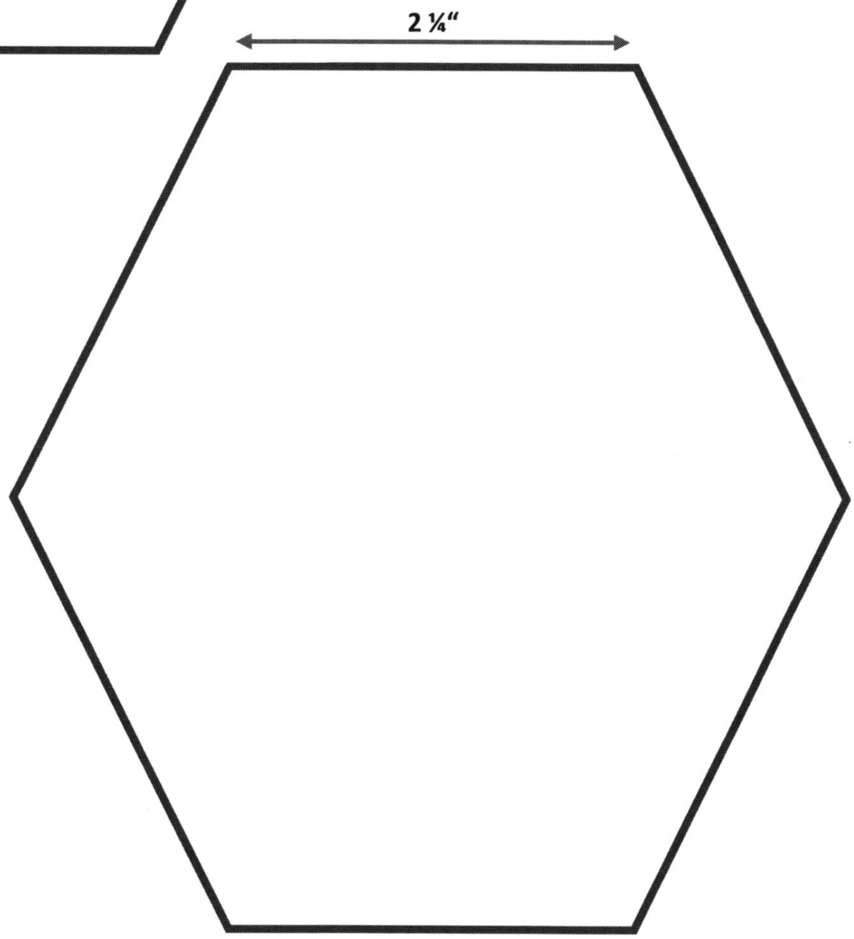

2 ¼"

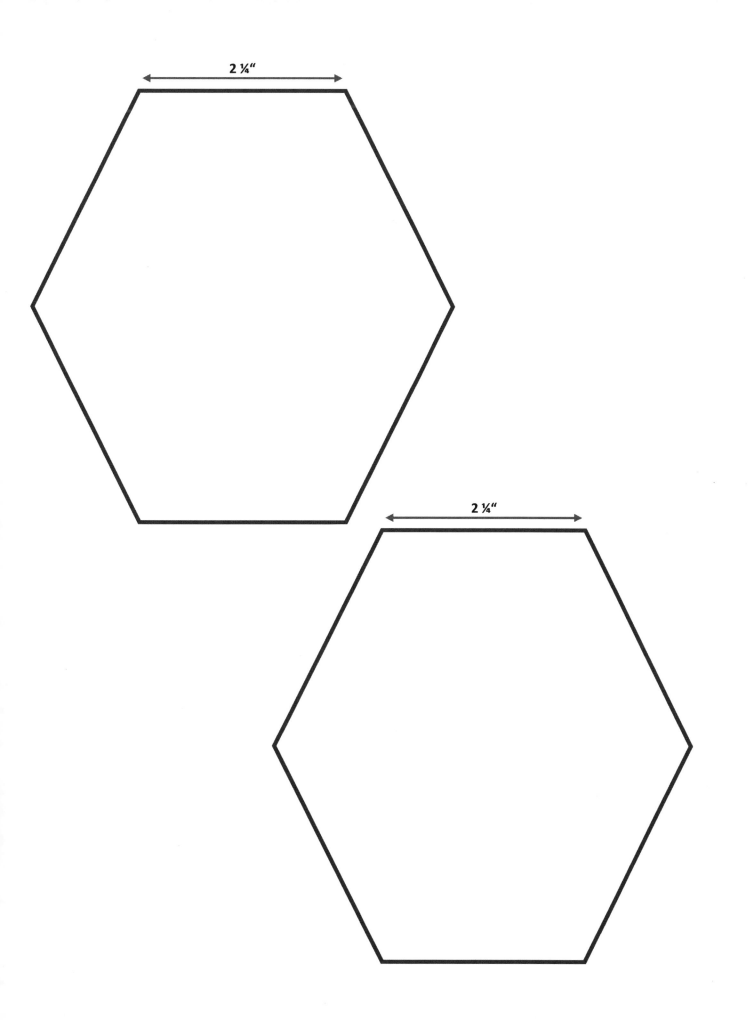

2 ¼"

2 ¼"

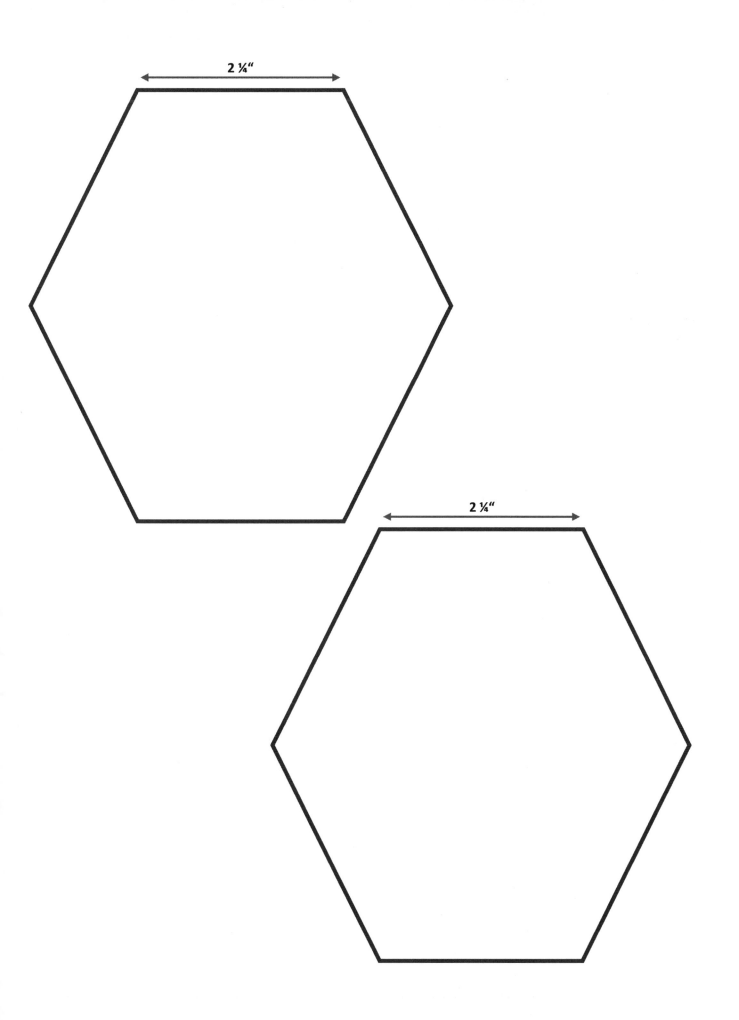

2 ¼"

2 ¼"

2 ¼"

2 ¼"

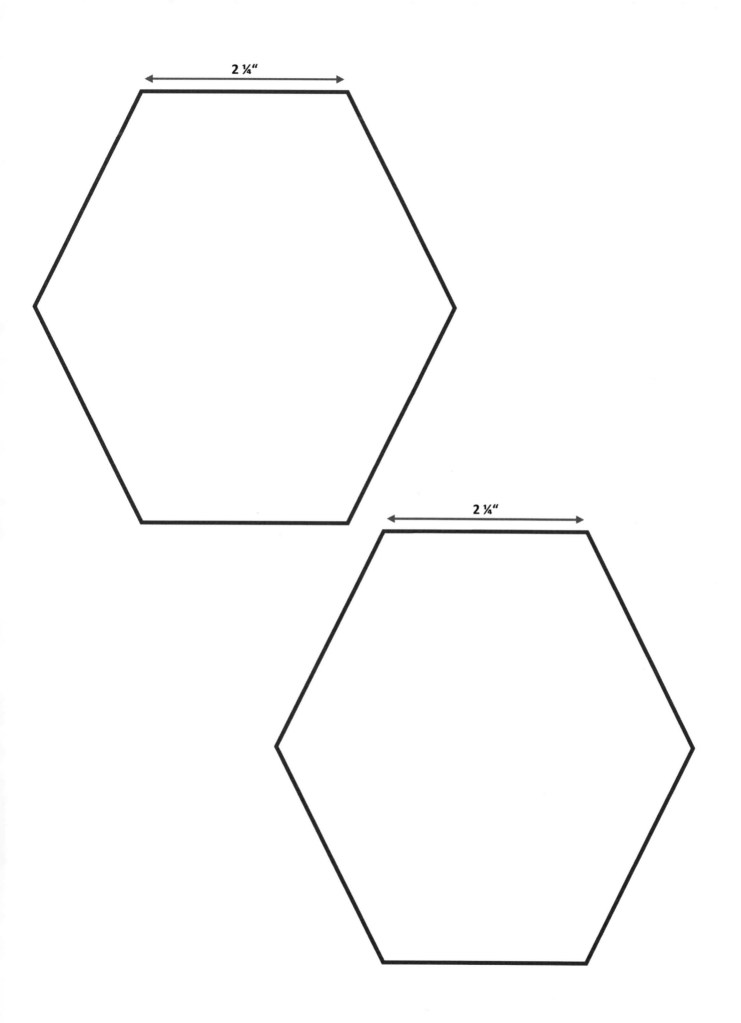

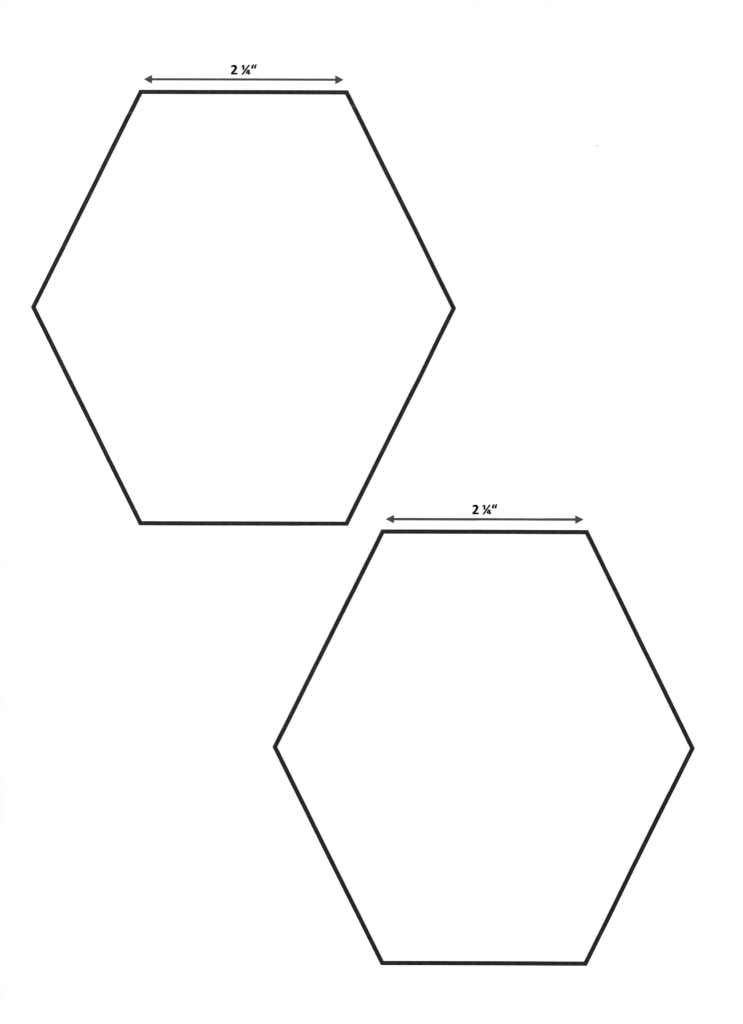

2 ¼"

2 ¼"

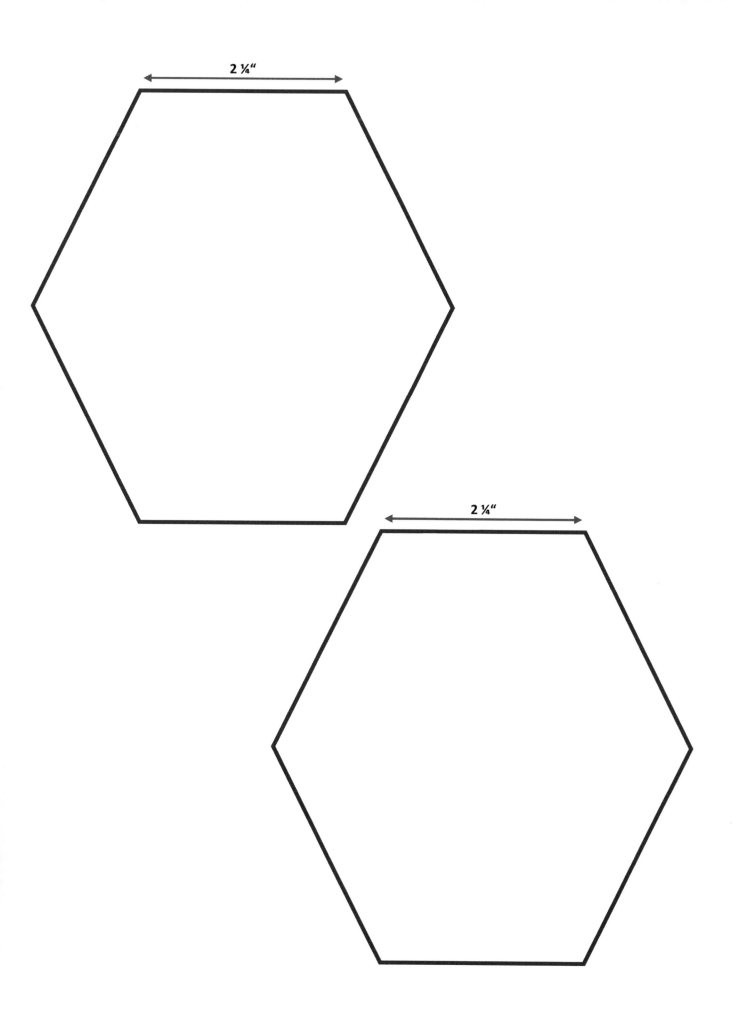

2 ¼"

2 ¼"

2 ¼"

2 ¼"

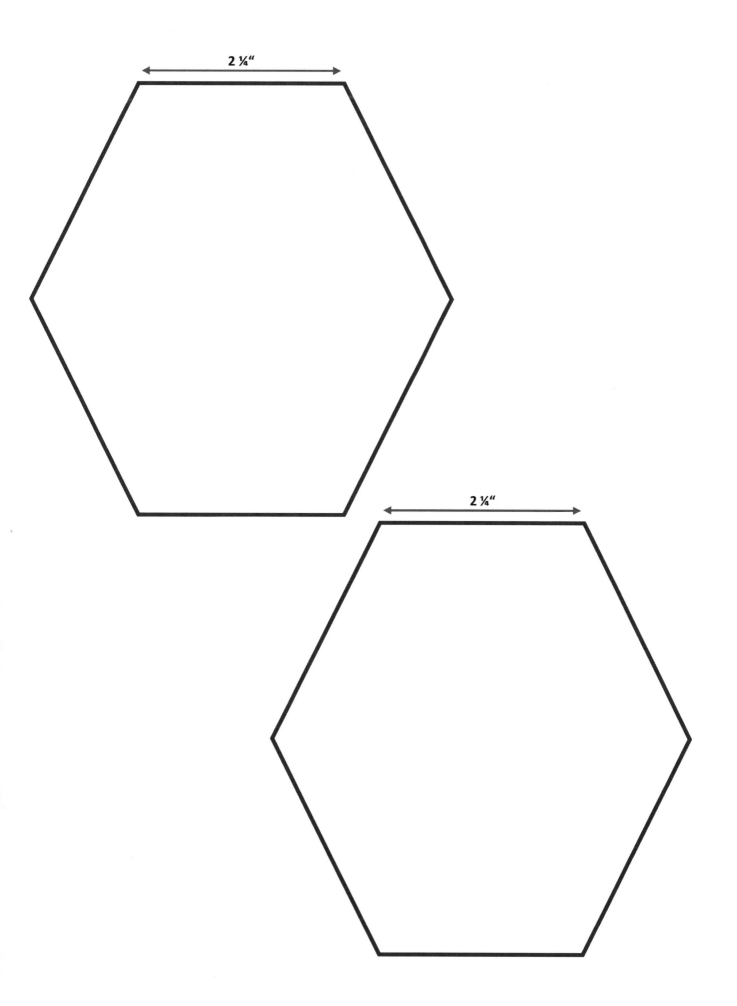

2 ¼"

2 ¼"

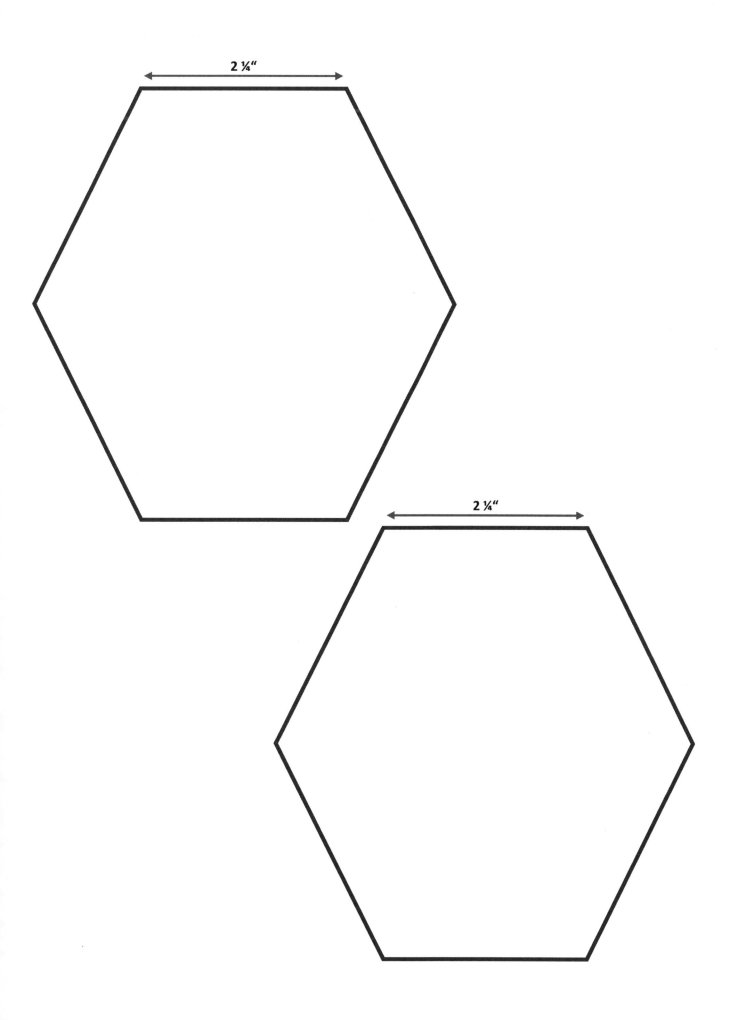

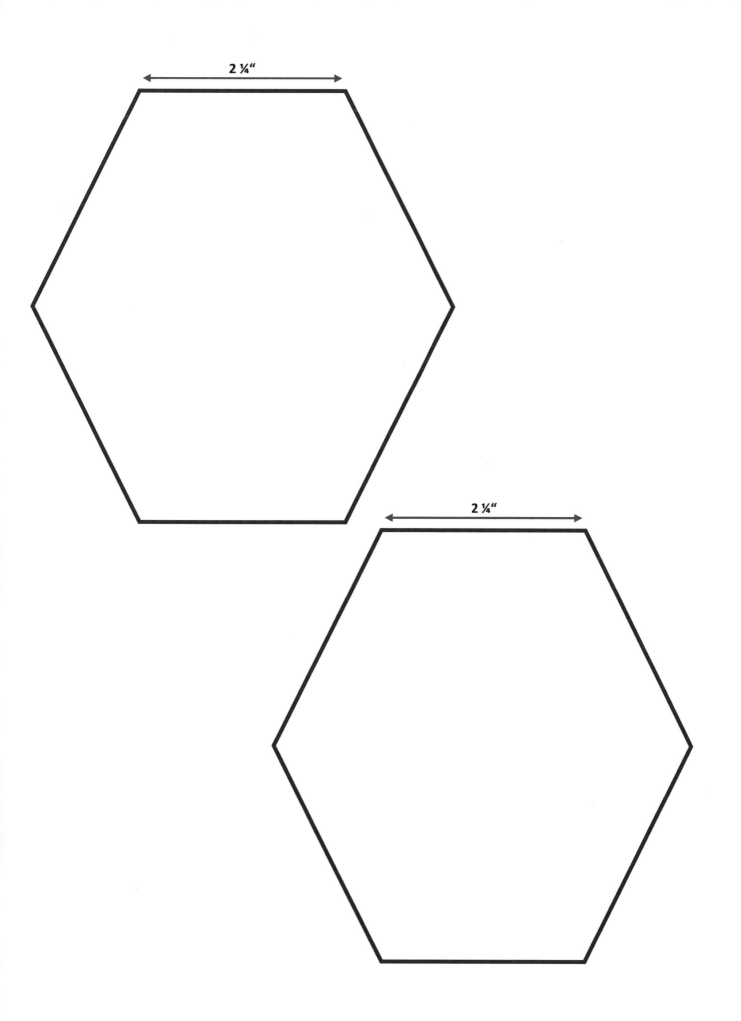

2 ¼"

2 ¼"

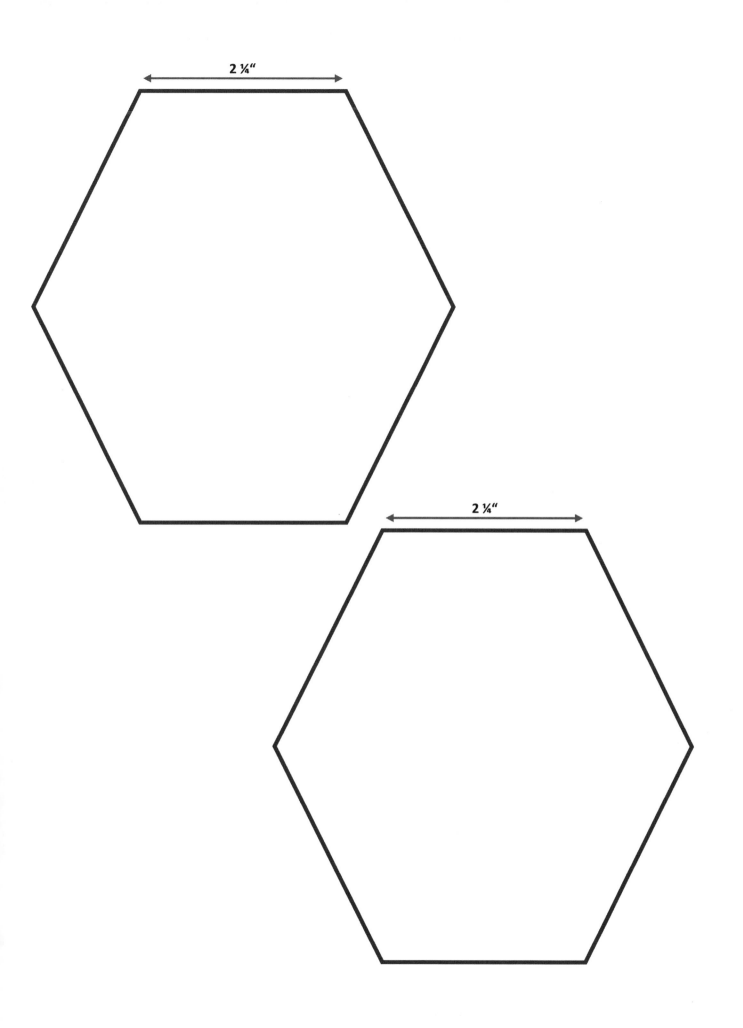

2 ¼"

2 ¼"

2 ¼"

2 ¼"

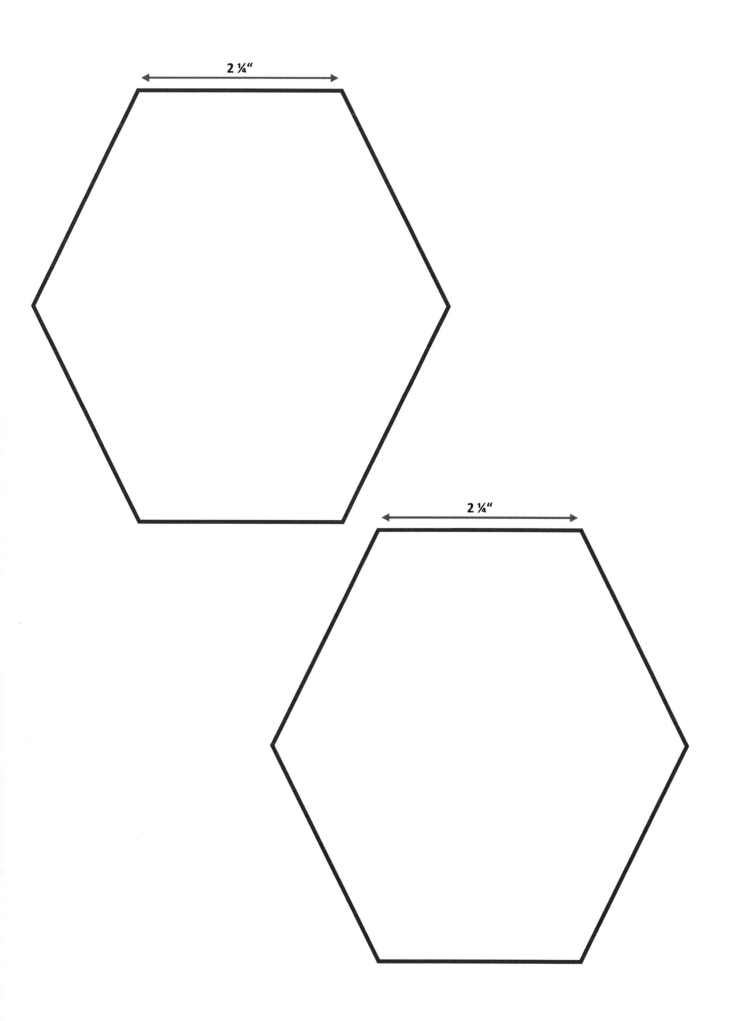

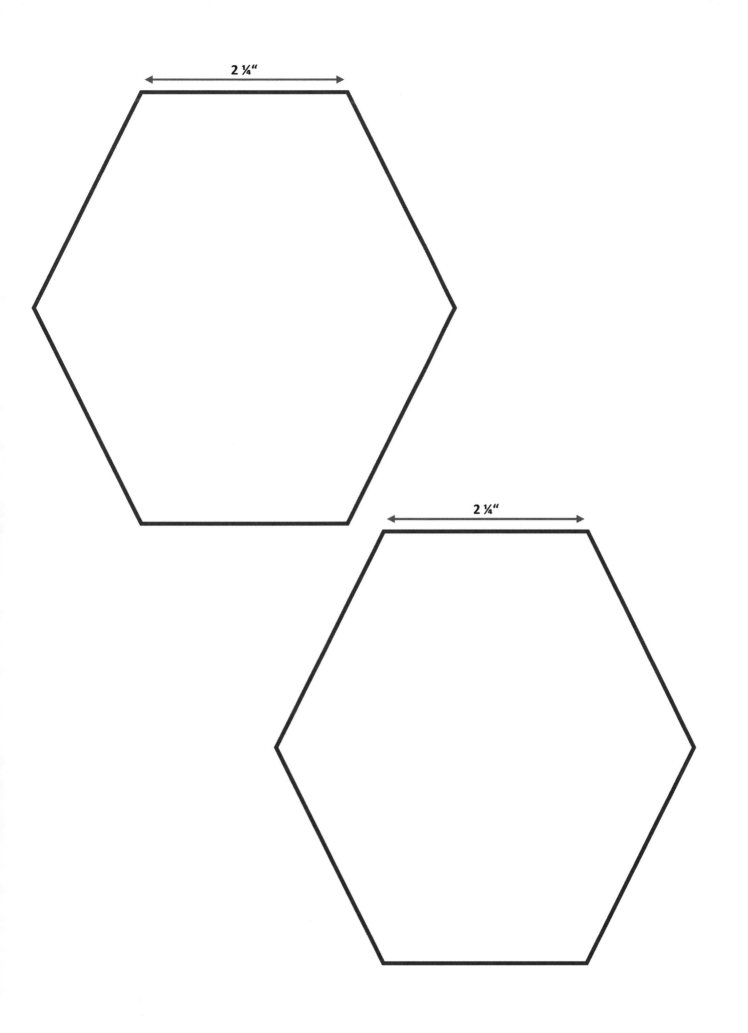

2 ¼"

2 ¼"

2 ¼"

2 ¼"

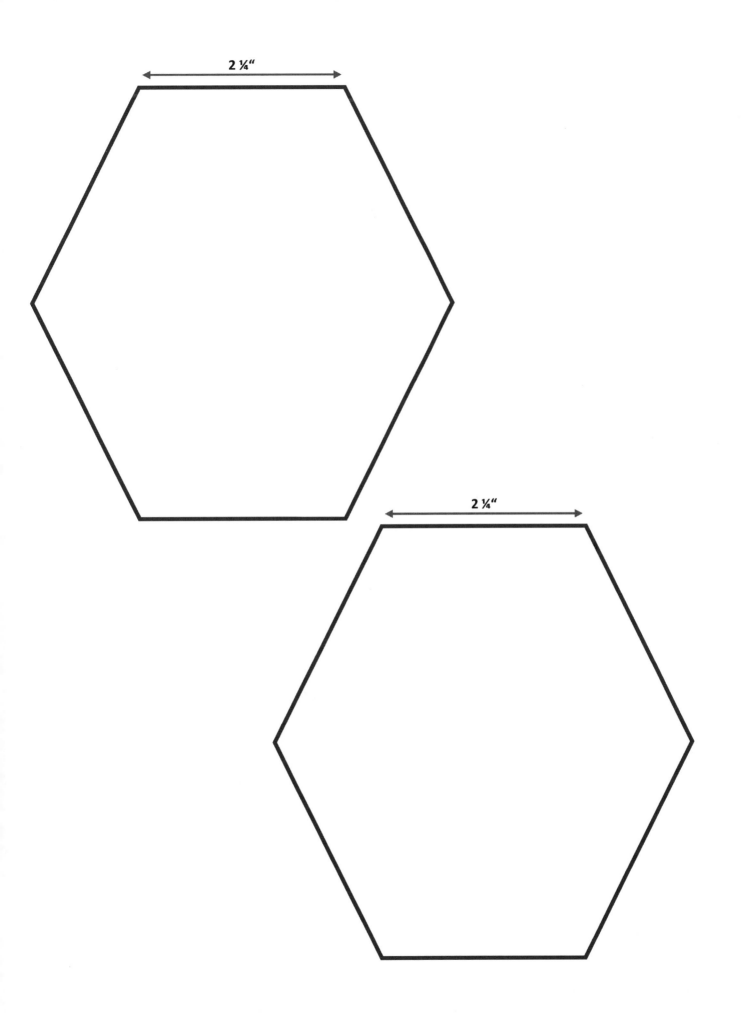

2 ¼"

2 ¼"

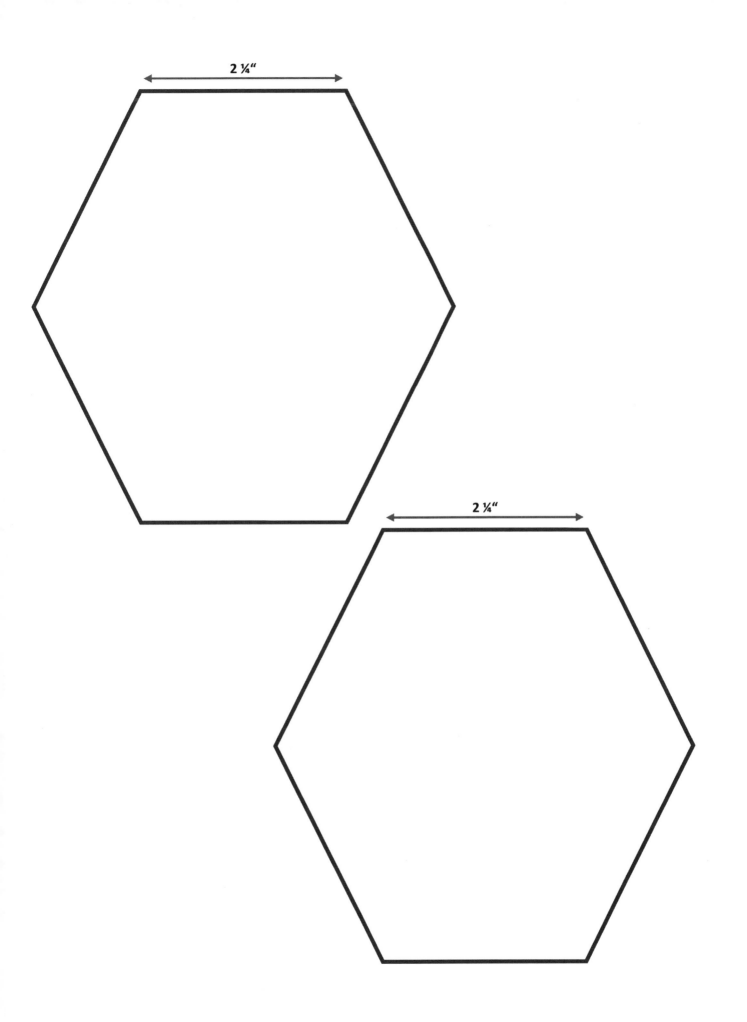

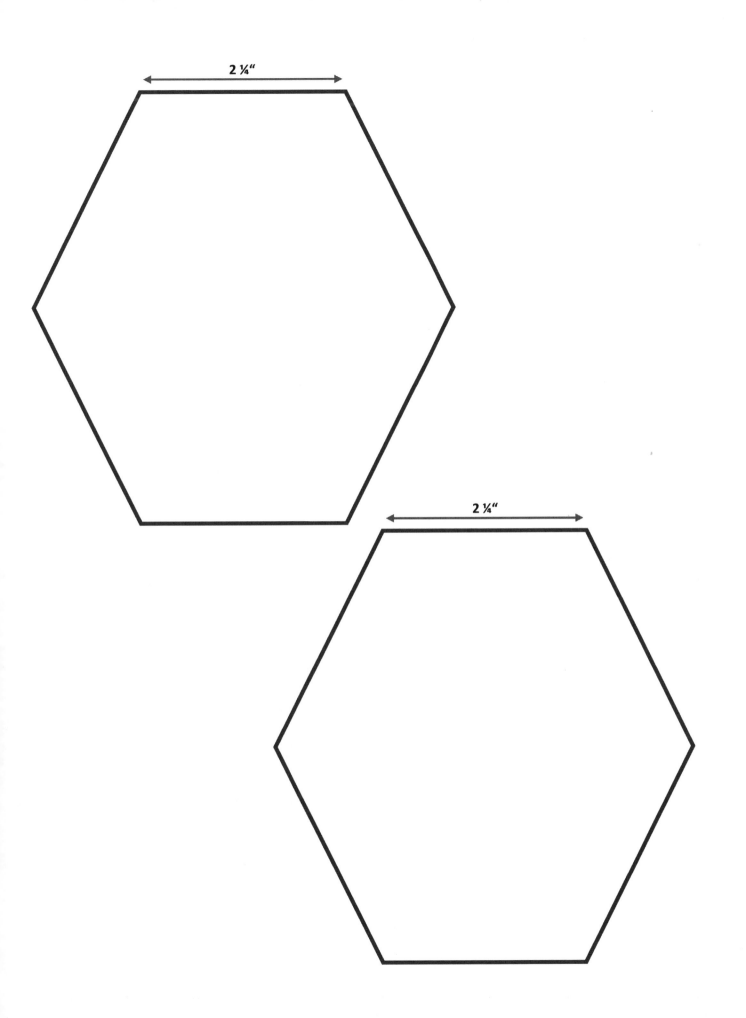

2 ¼"

2 ¼"

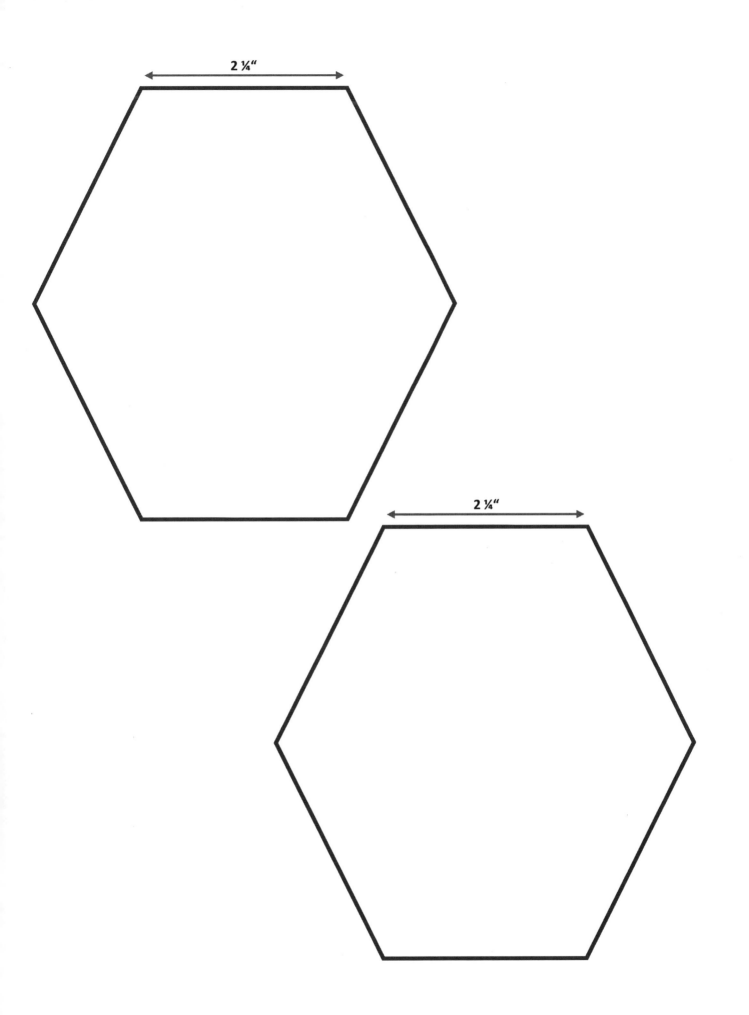

2 ¼"

2 ¼"

2 ¼"

2 ¼"

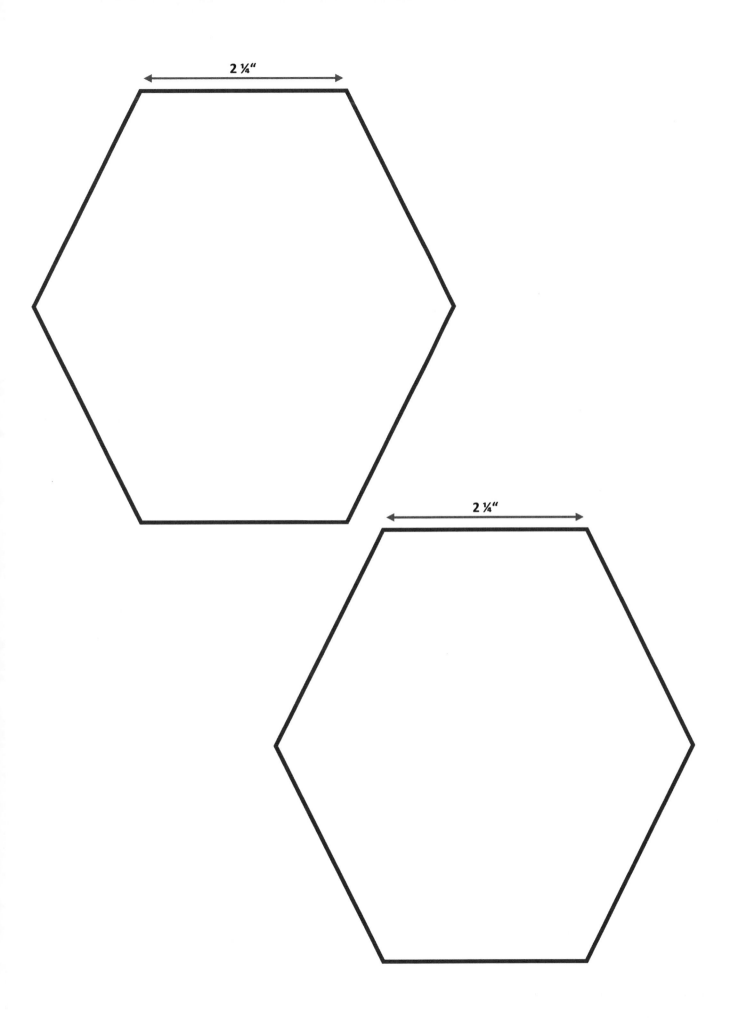

2 ¼″

2 ¼″

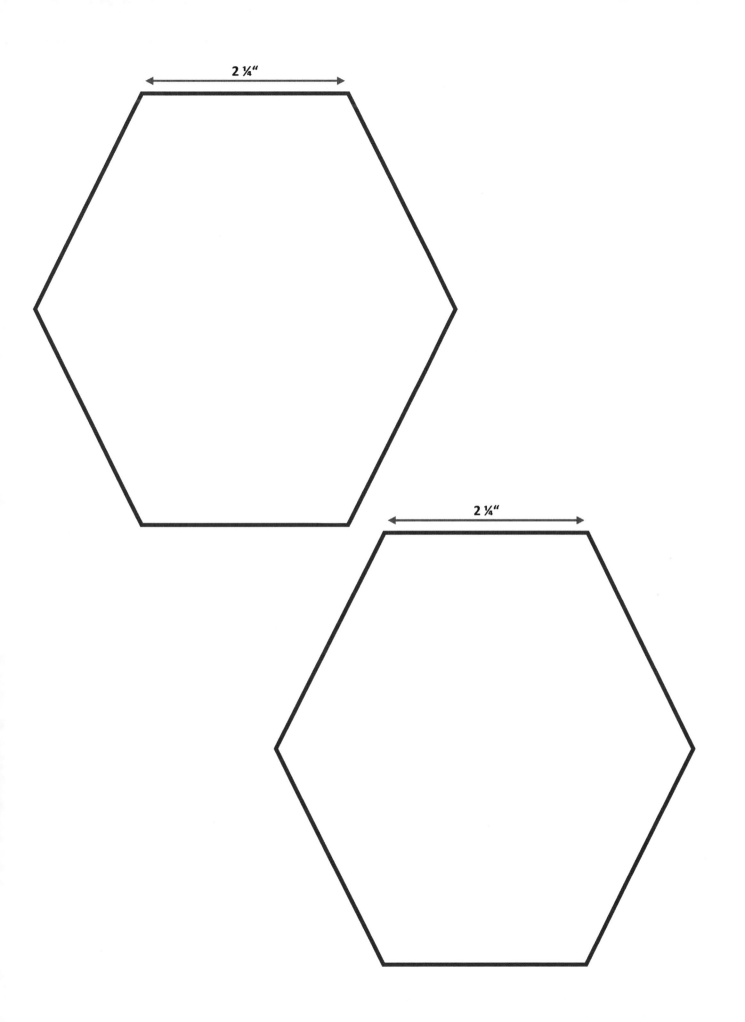

2 ¼″

2 ¼″

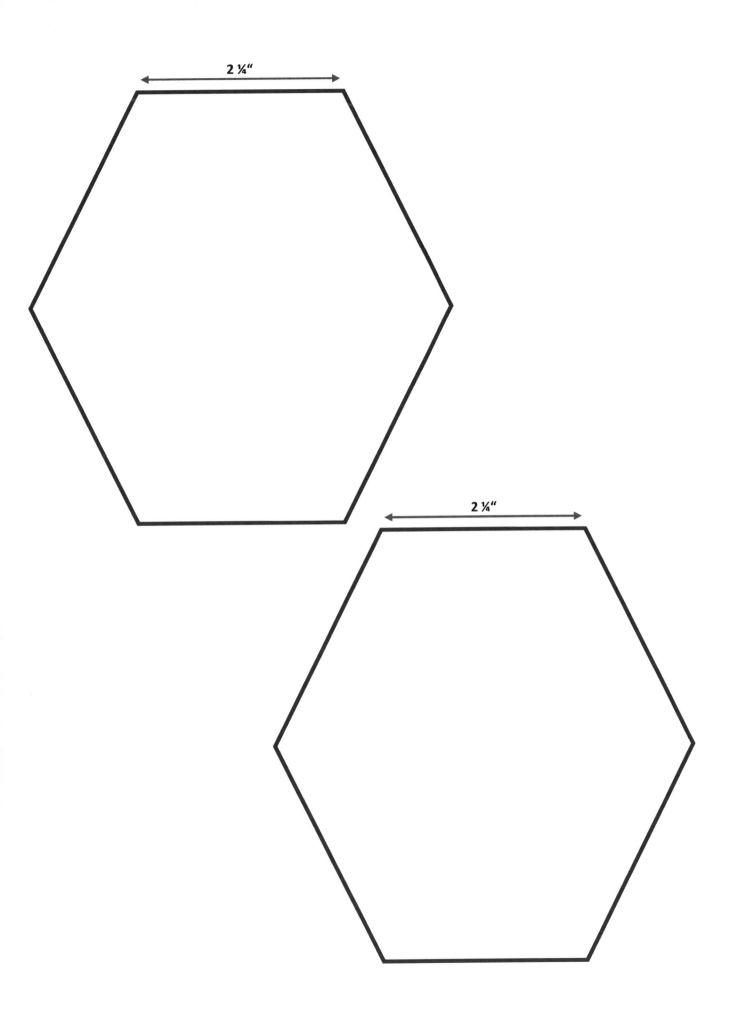

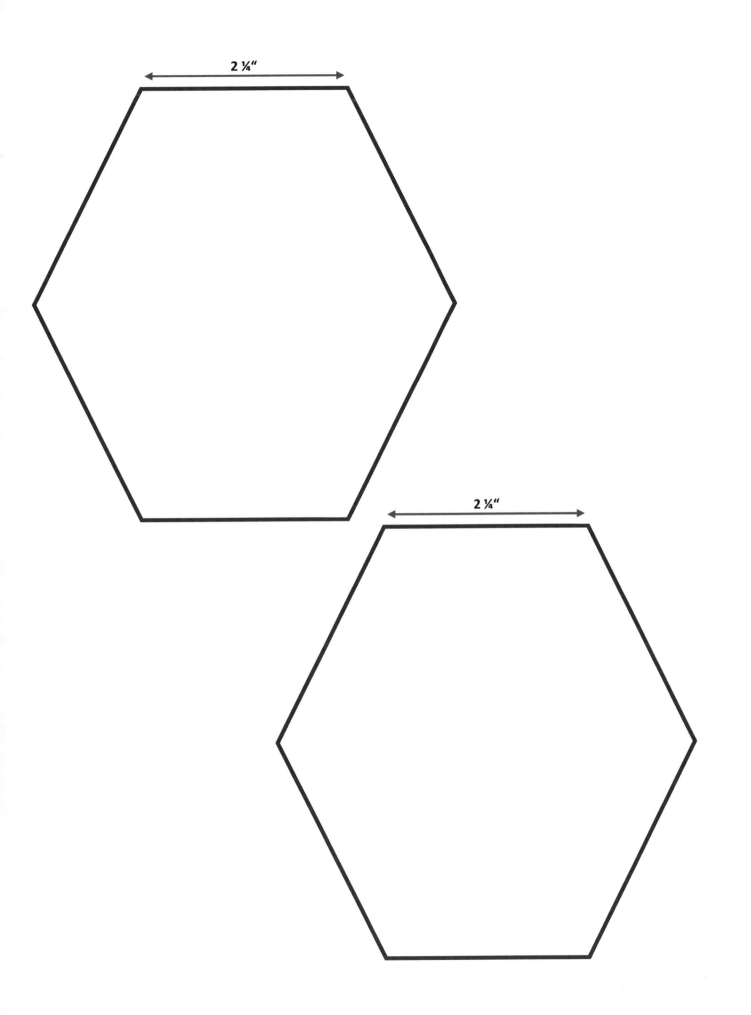

2 ¼"

2 ¼"

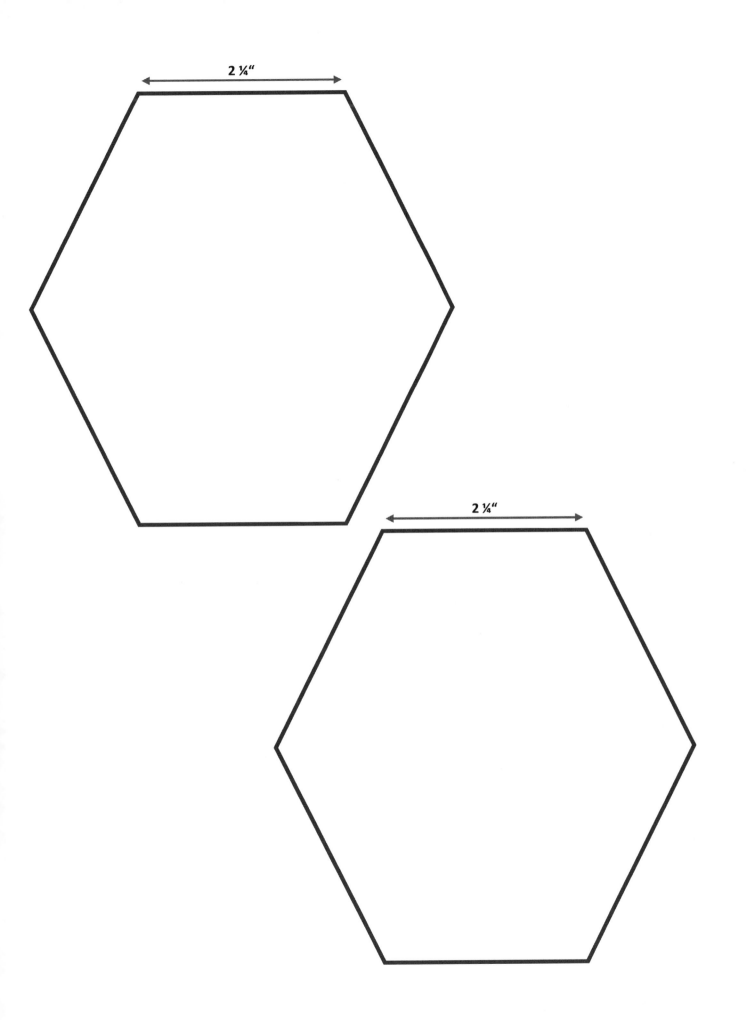

2 ¼"

2 ¼"

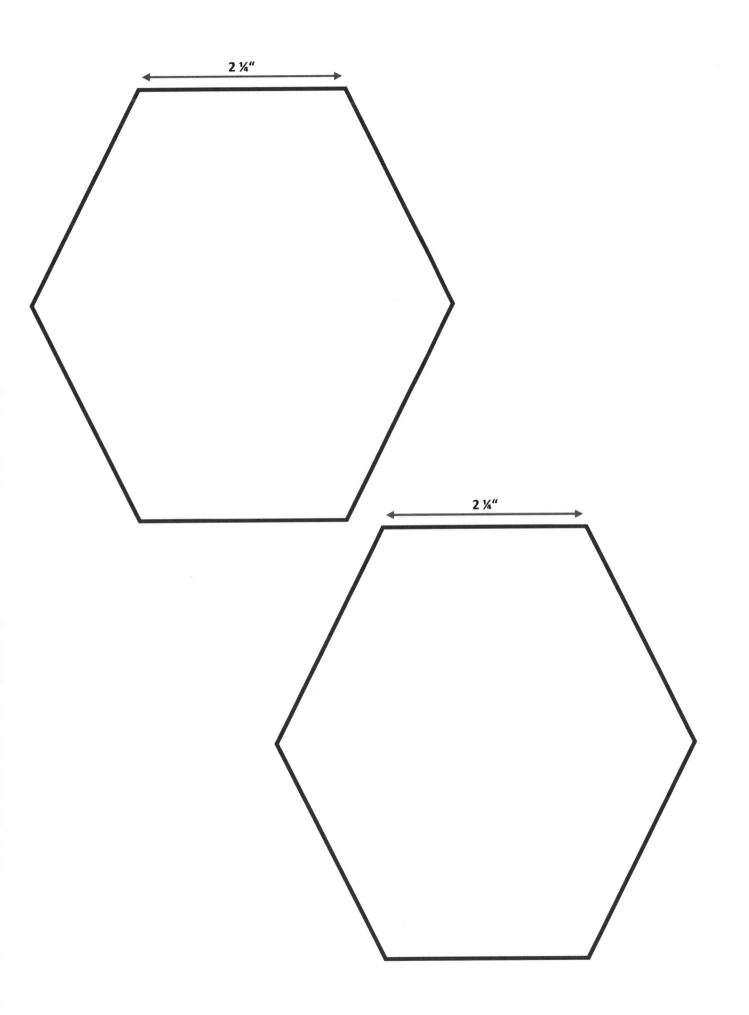

2 ¼"

2 ¼"

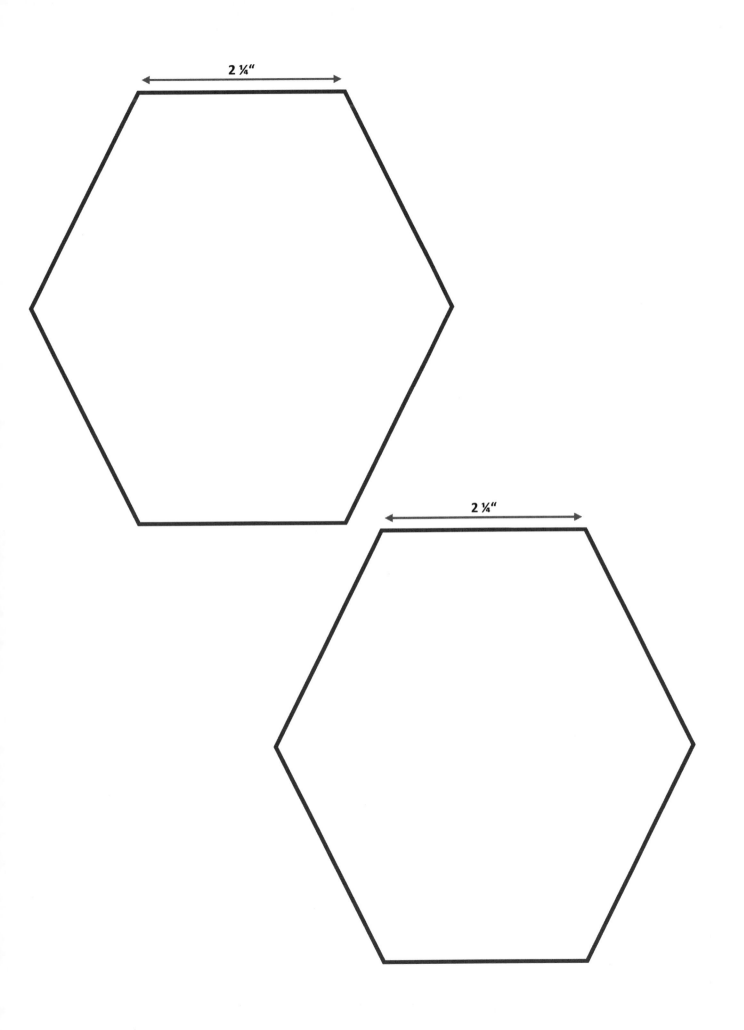

2 ¼"

2 ¼"

2 ¼"

2 ¼"

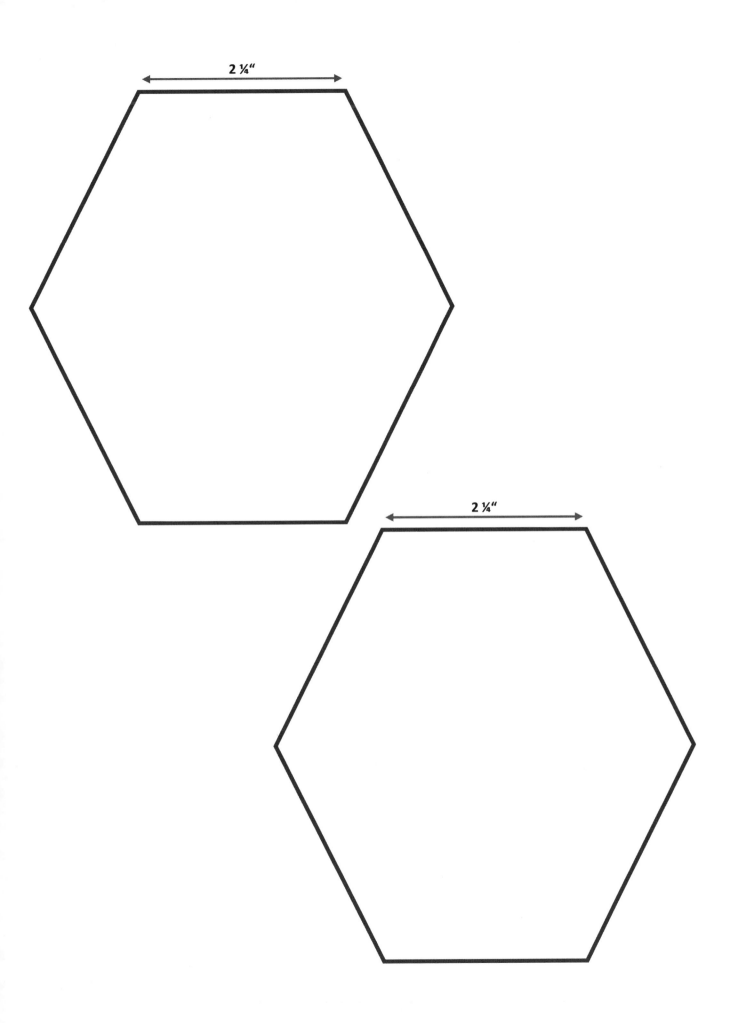

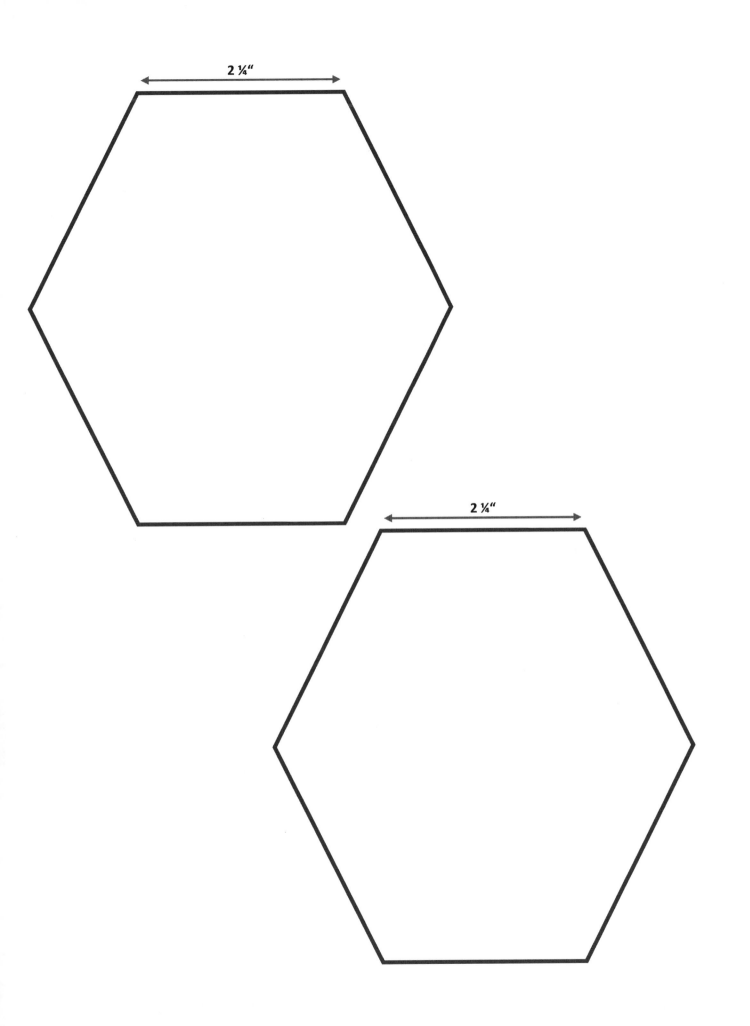

2 ¼"

2 ¼"

2 ¼"

2 ¼"

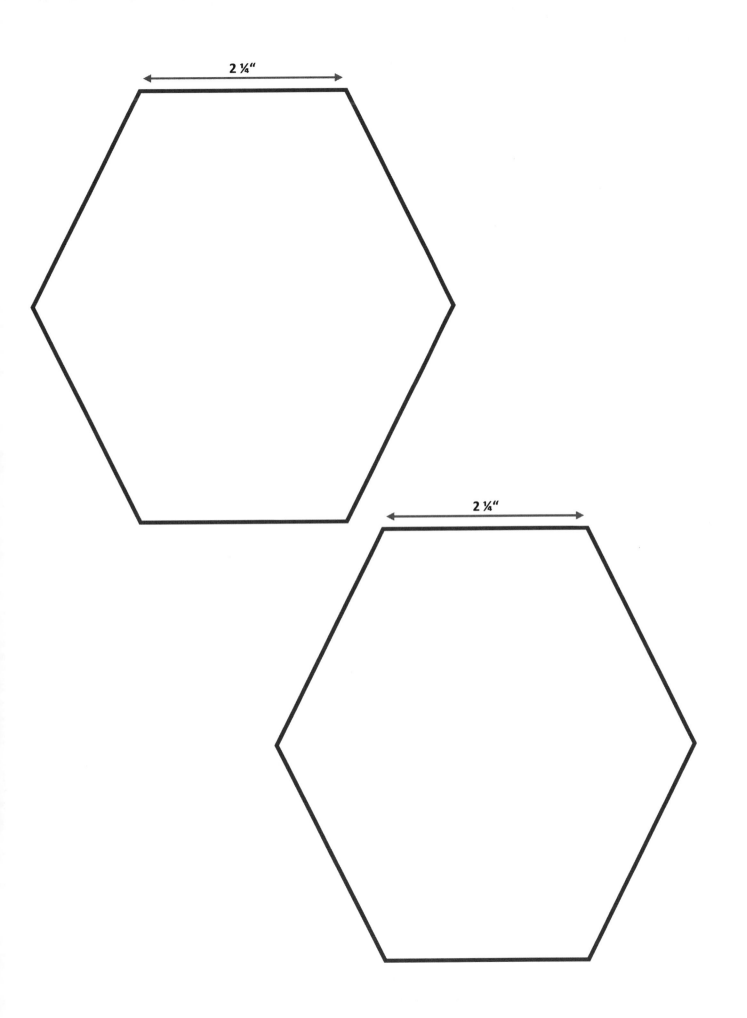

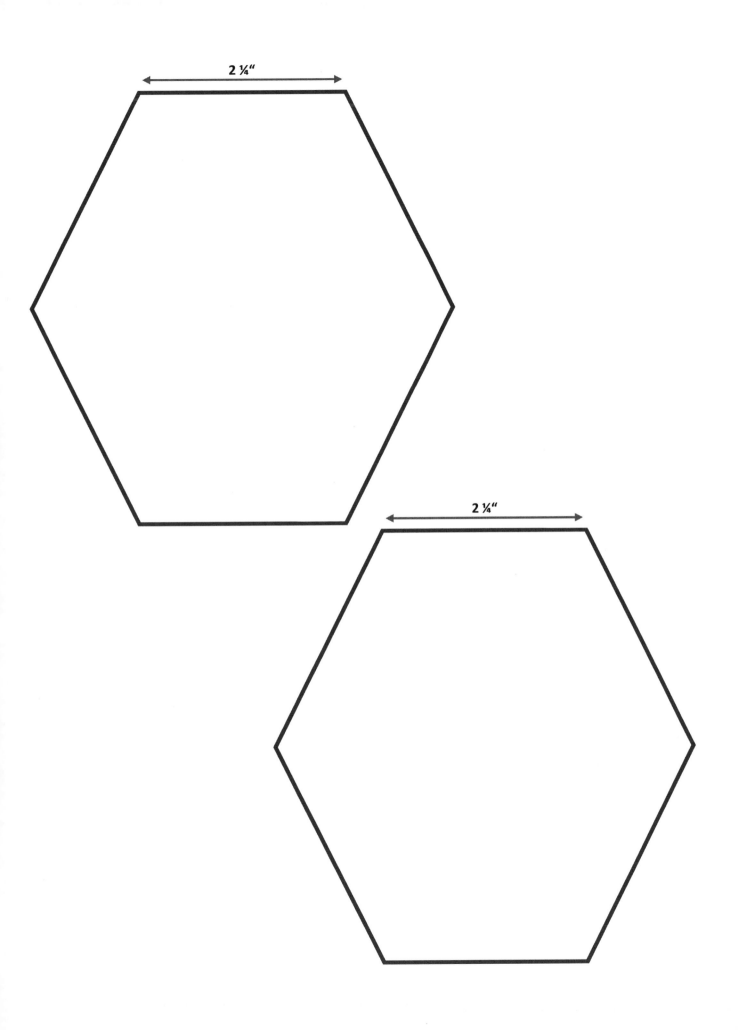

2 ¼"

2 ¼"

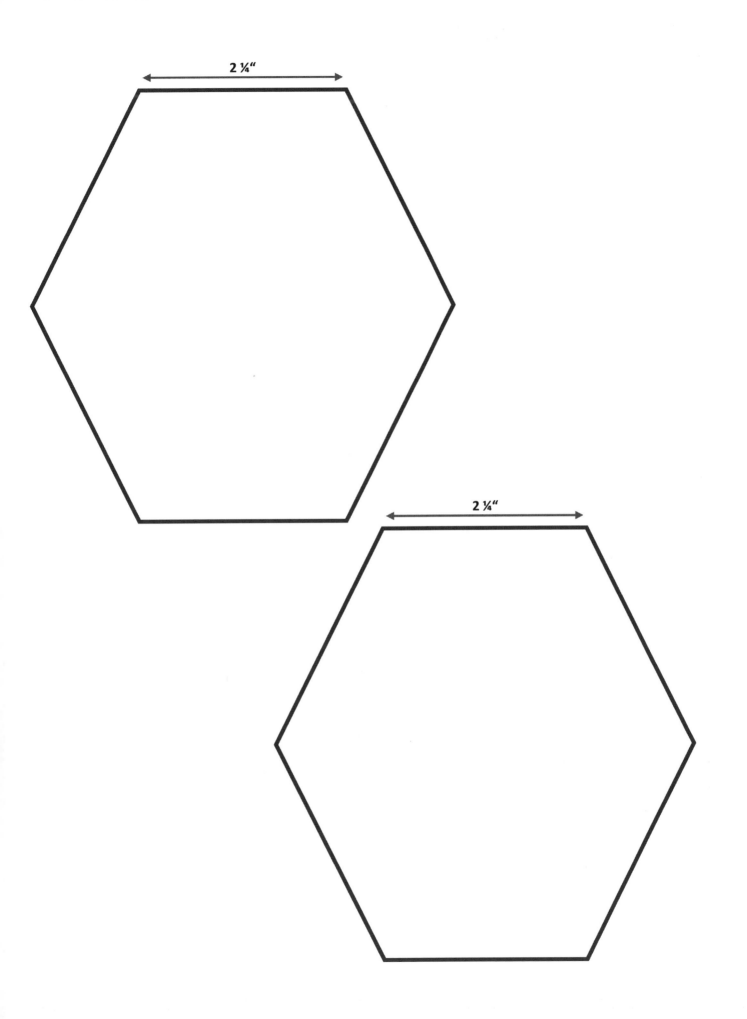

2 ¼"

2 ¼"

2 ¼"

2 ¼"

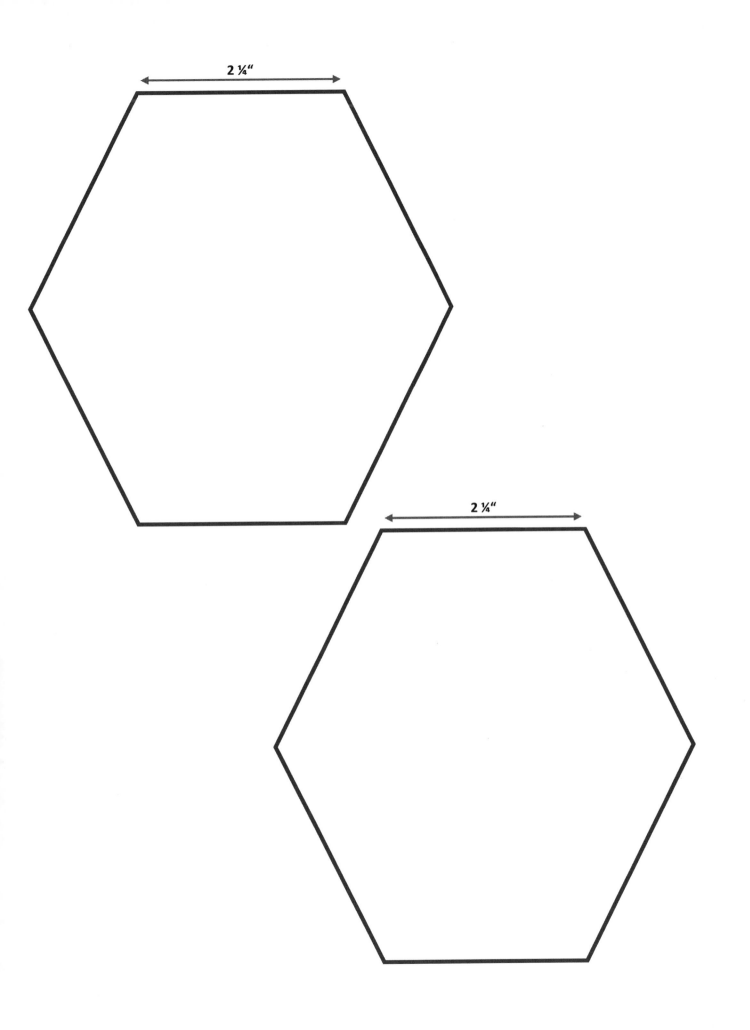

2 ¼″

2 ¼″

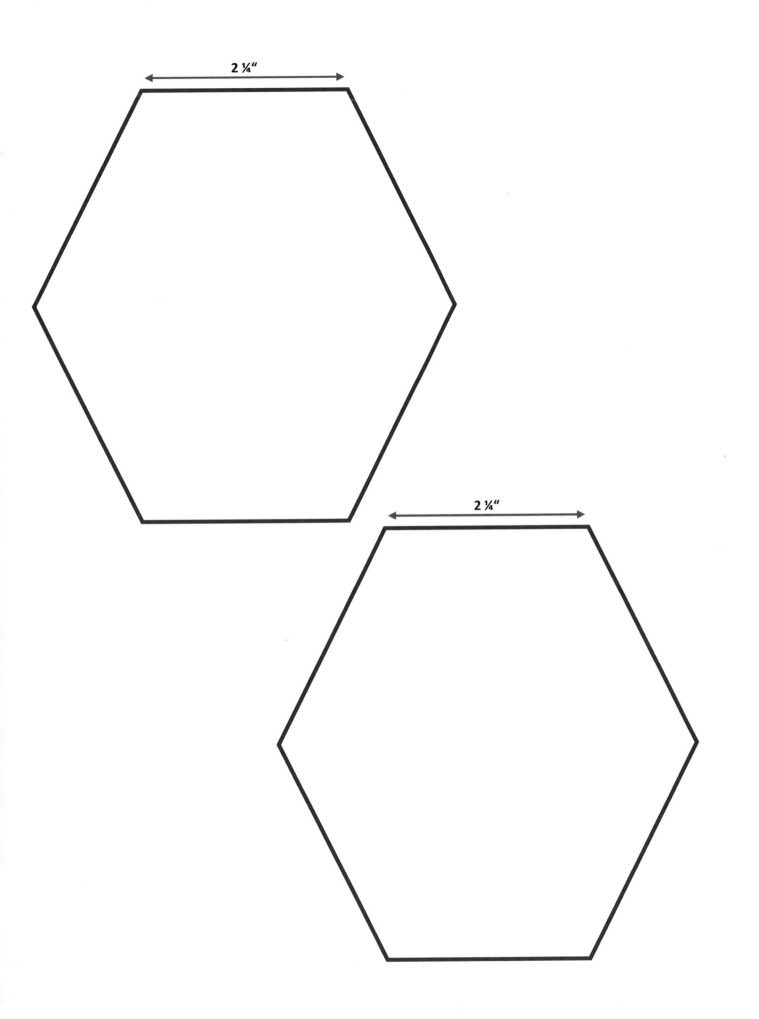

2 ¼"

2 ¼"

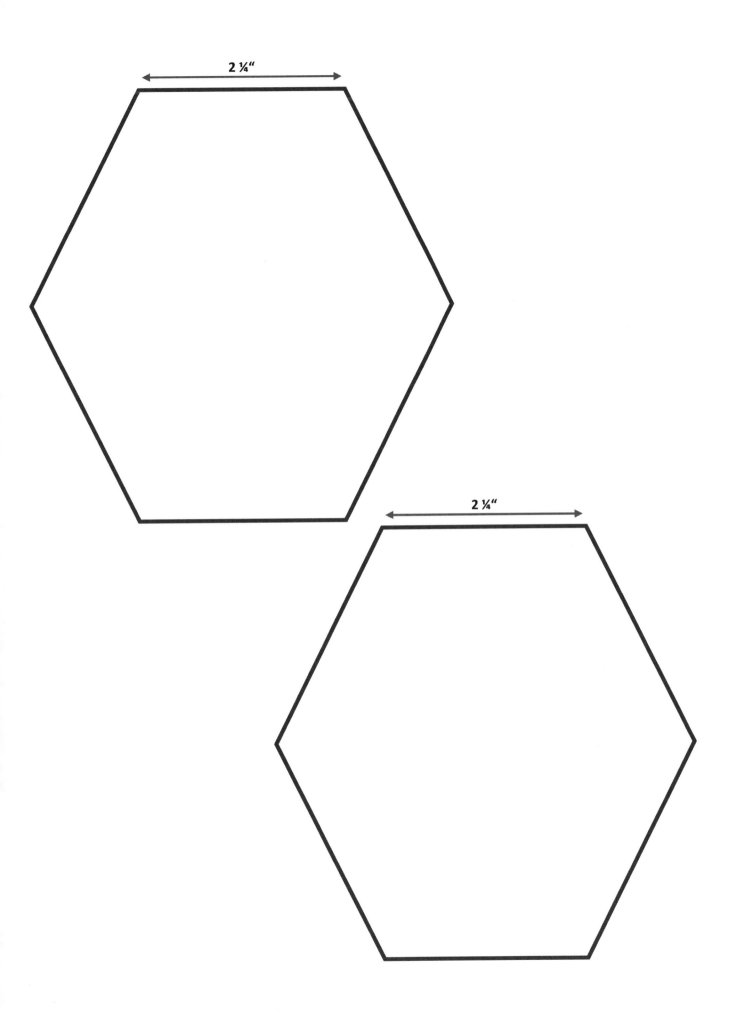

2 ¼"

2 ¼"

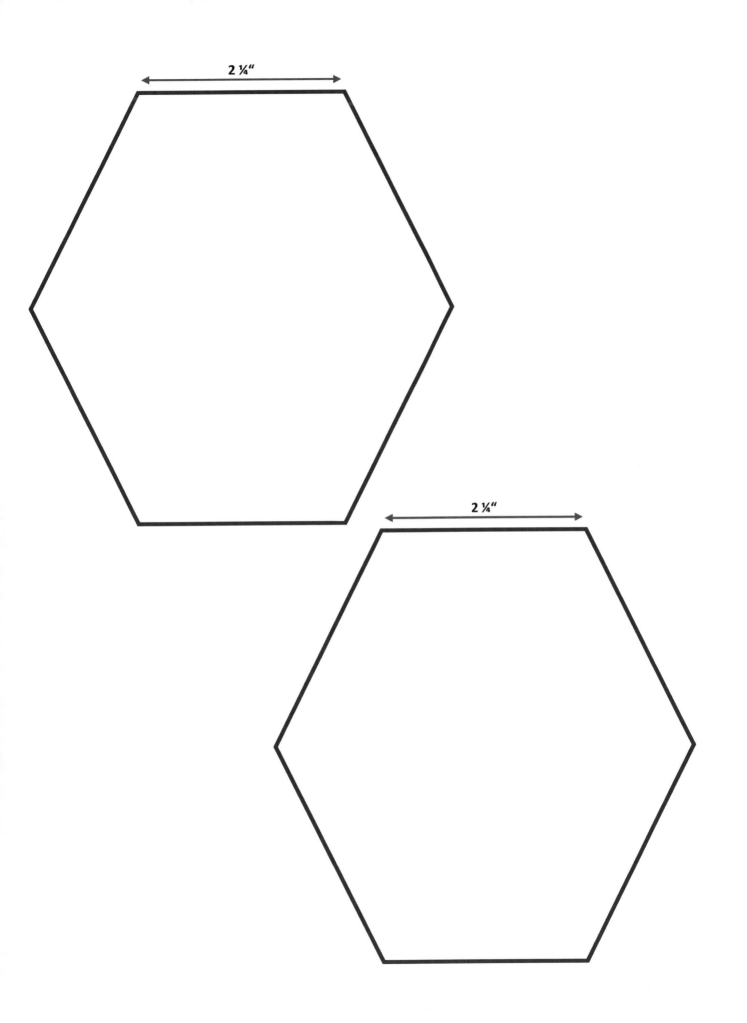

2 ¼"

2 ¼"

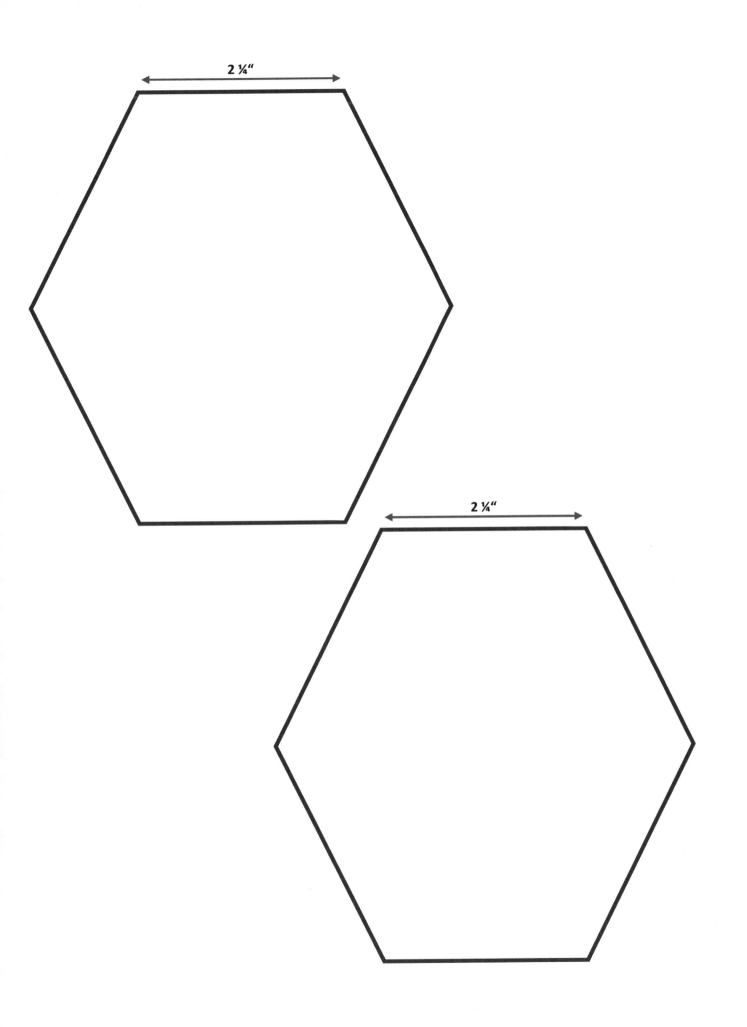

2 ¼"

2 ¼"

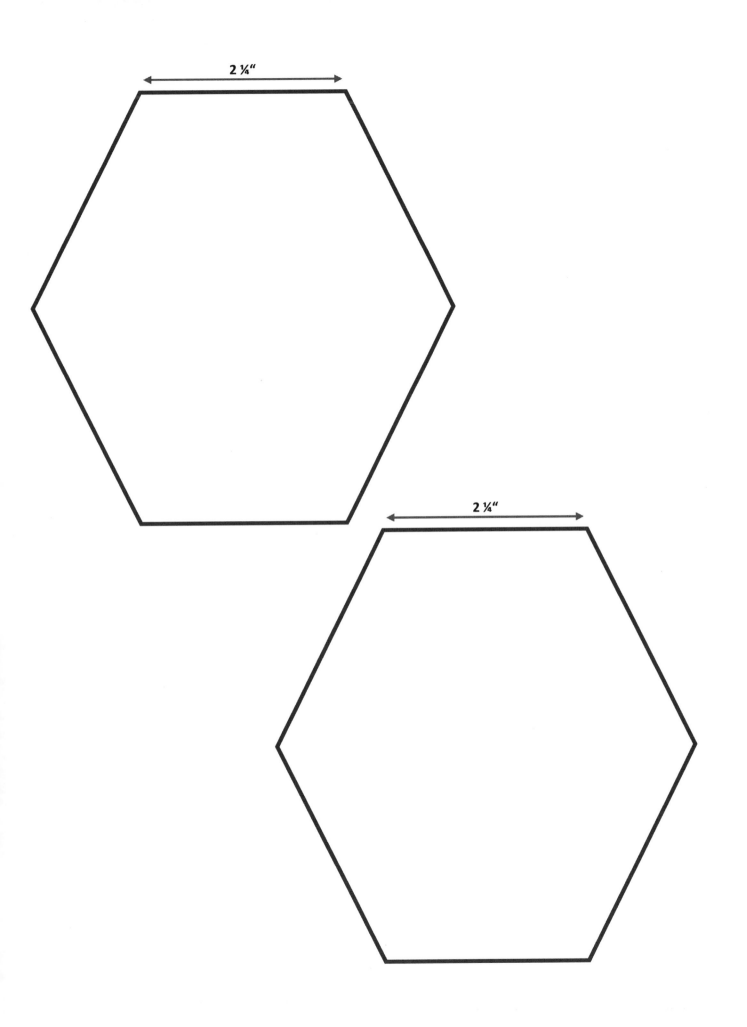

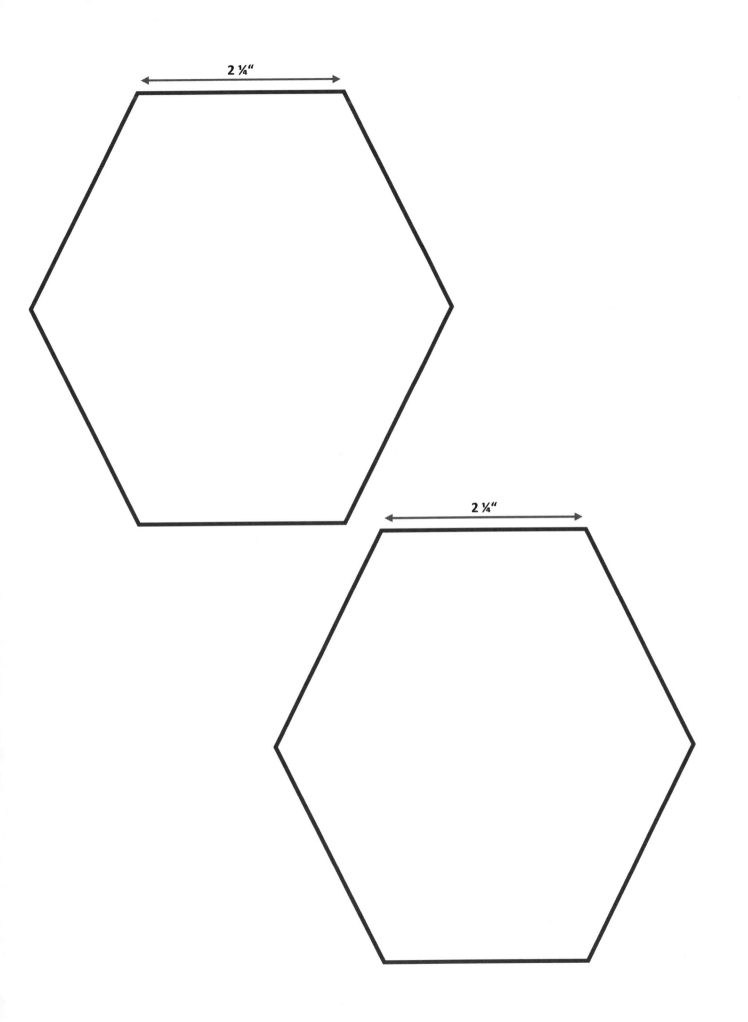

2 ¼"

2 ¼"

2 ¼"

2 ¼"

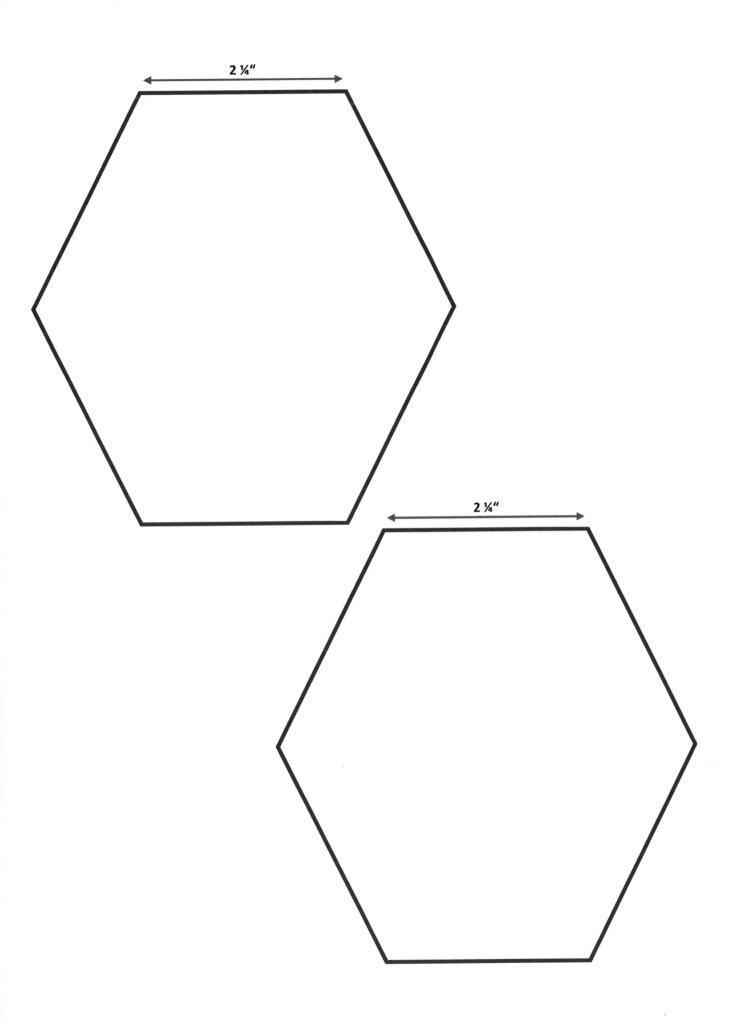

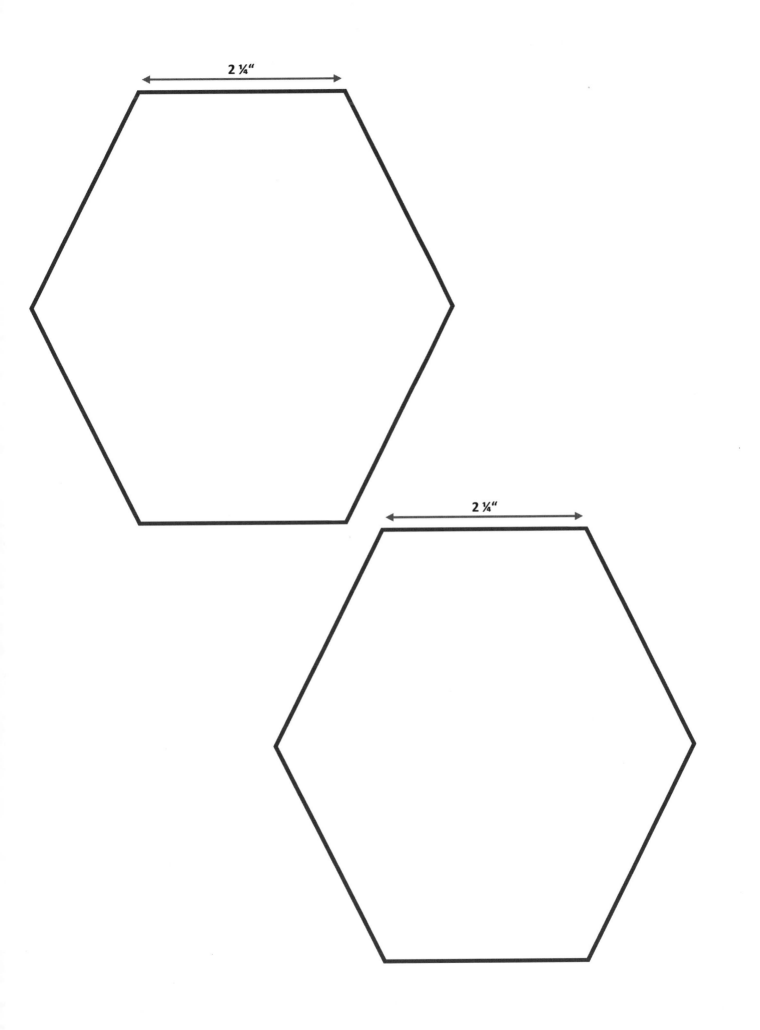

2 ¼"

2 ¼"

2 ¼"

2 ¼"

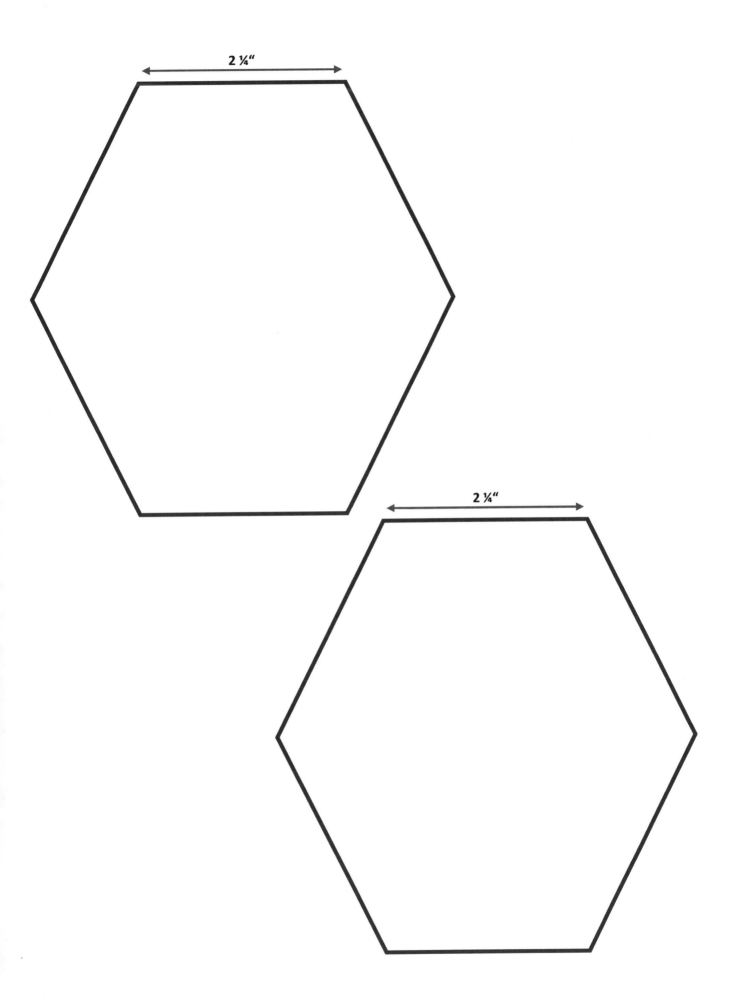

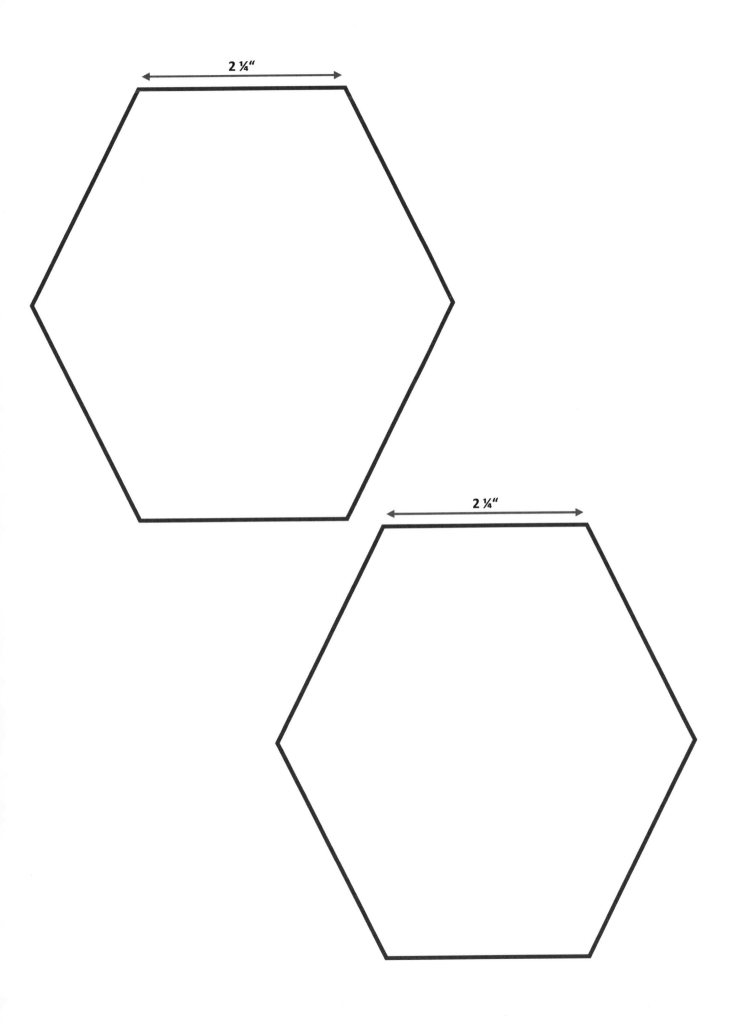

2 ¼"

2 ¼"

2 ¼"

2 ¼"

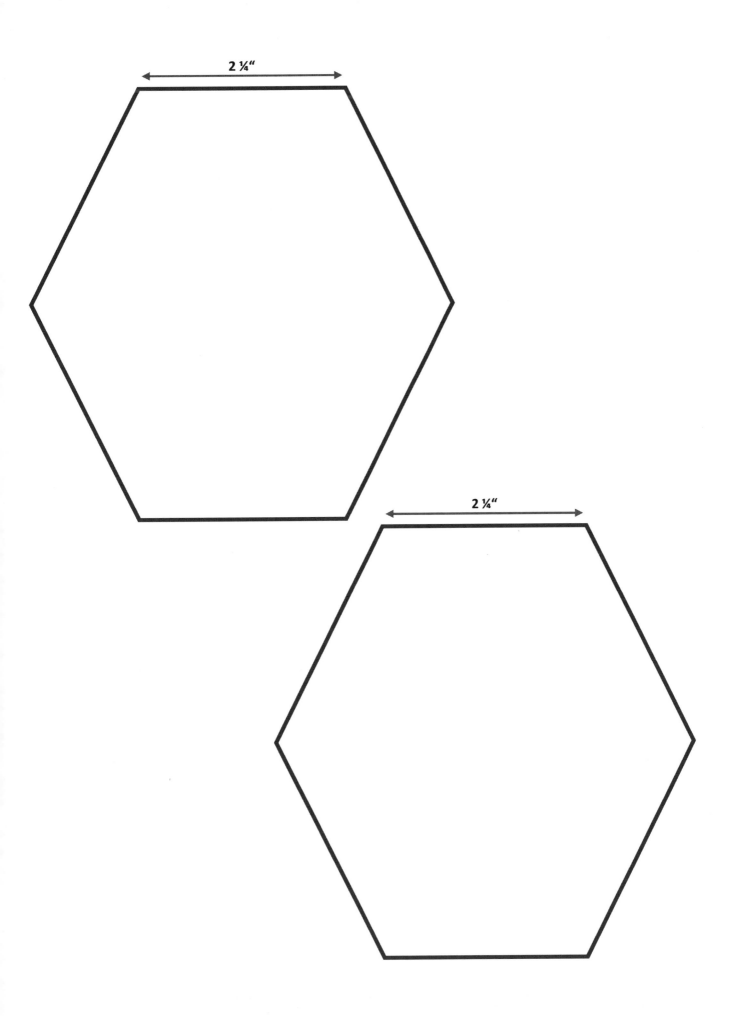

2 ¼"

2 ¼"

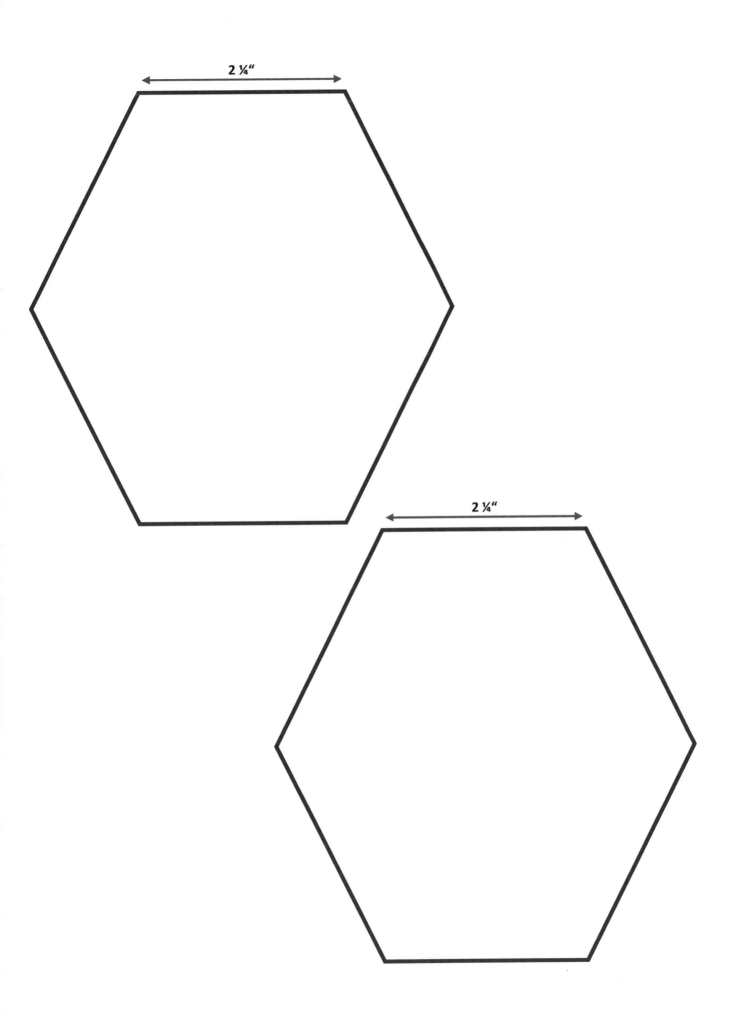

2 ¼"

2 ¼"

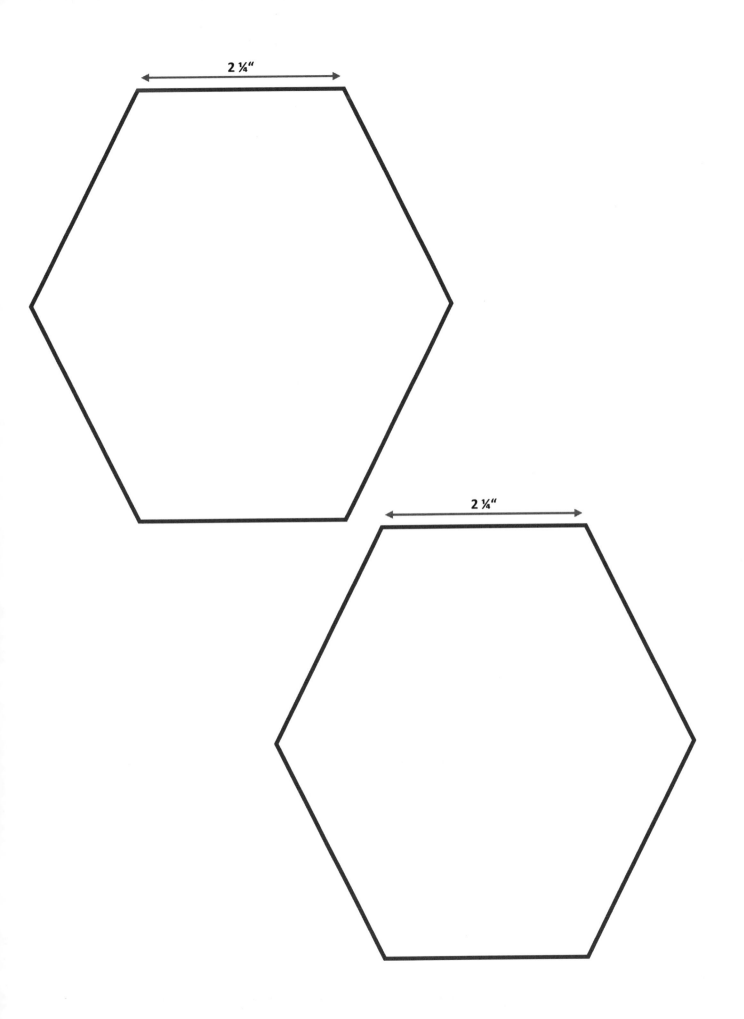

2 ¼"

2 ¼"

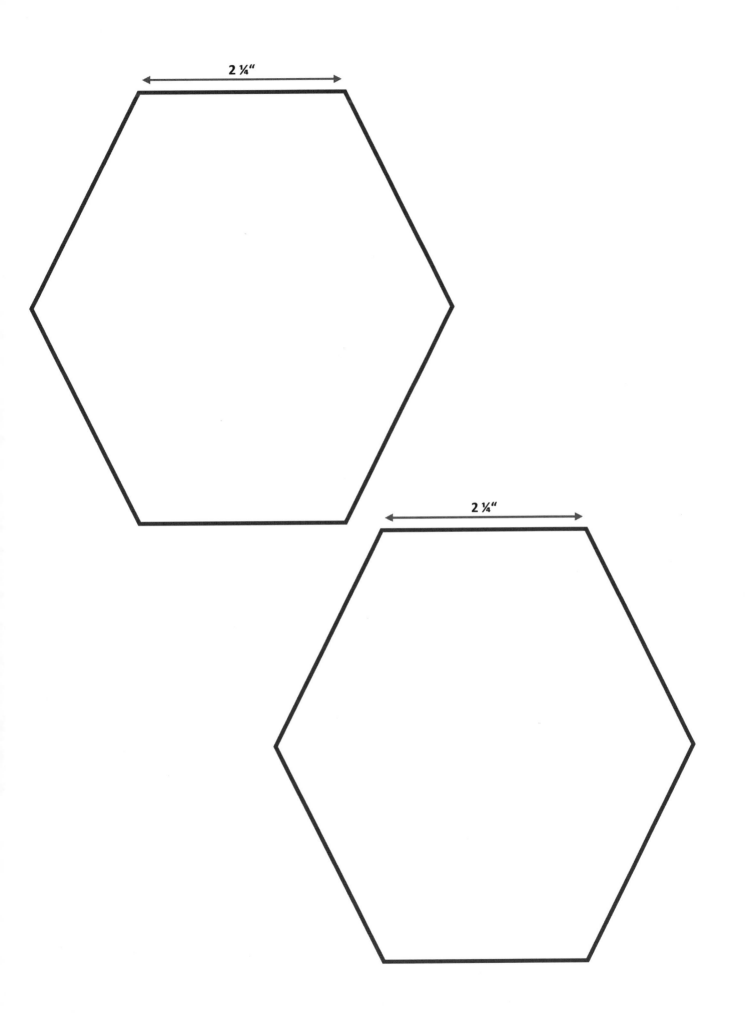

2 ¼"

2 ¼"

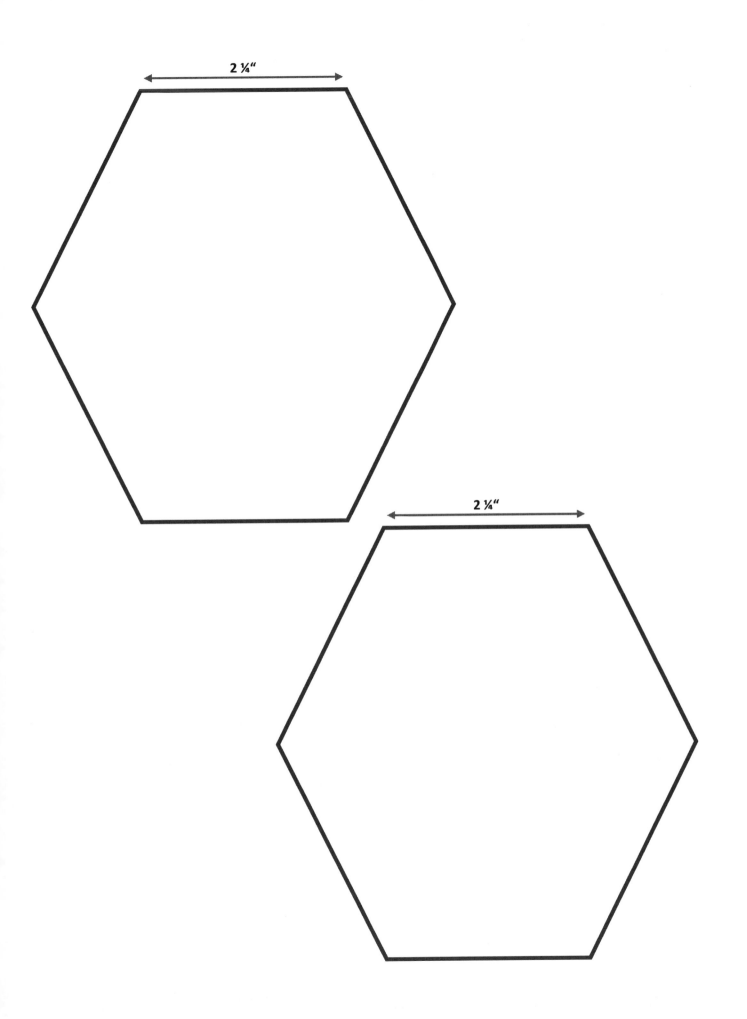

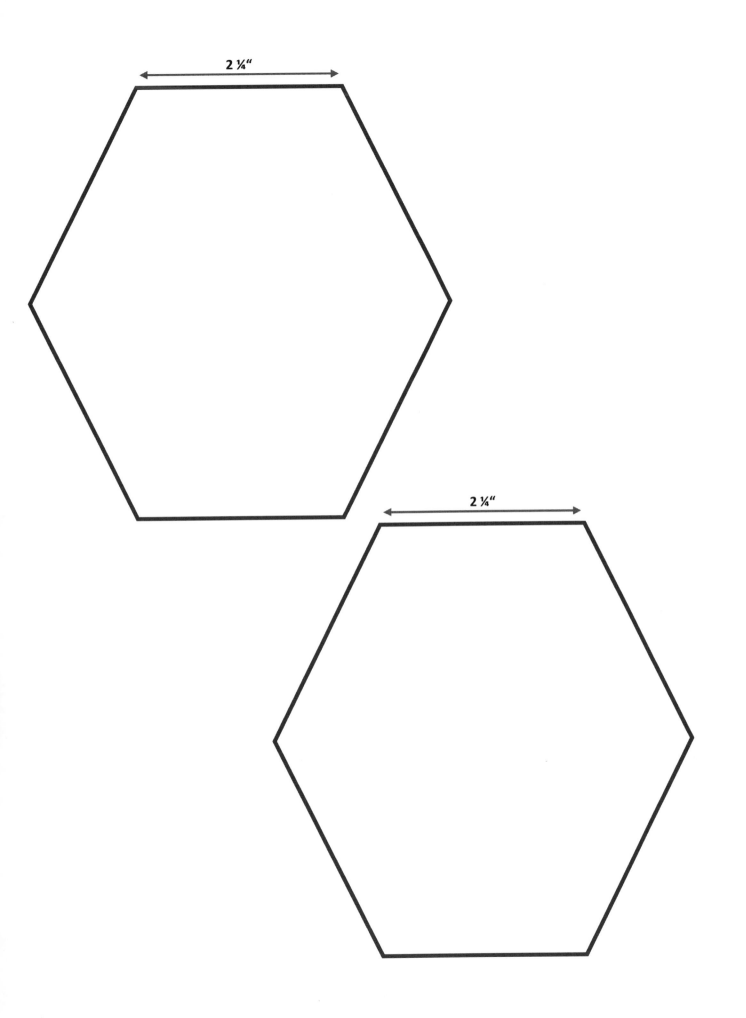

2 ¼"

2 ¼"

Printed in Great Britain
by Amazon

33421605R00062